日本財政の現状と課題

関野 満夫 編著

中央大学経済研究所
研究叢書 84

中 央 大 学 出 版 部

はしがき

本書は中央大学経済研究所の財政研究部会の2021〜23年度における研究成果をとりまとめたものである。同期間の当部会の研究課題は「日本財政の現状と課題」であり，主にオンラインでの研究報告と研究交流を行った。結果的に参加研究員からは7本の研究論文の提出があった。その内容は，日本の税制改正の動向，所得税収入の分析，予算制度における繰越明許費の問題，人口減少と地方交付税の動向，水道事業広域化の背景と課題，カナダとの比較を通じた財政持続可能性の考察，イギリスNHSの医療施設問題と改革，と多岐にわたっている。執筆者の問題関心は多様であるが，いずれの研究も日本財政の現状と課題に対する示唆を与えるものであろう。そうした意味も踏まえて本書は『日本財政の現状と課題』という表題をつけている。

さて，本書各章のねらいと要旨は以下のとおりである。

第1章「日本税制の現状と課題」（片桐正俊）では，第2次安倍政権から菅政権を経て岸田政権に至る約10年余の毎年度の税制改正を振り返り，日本税制の現状と課題と改革の方向性について考察している。具体的には，社会保障・税一体改革法たる2012年税制抜本改革法第七条が政府に命じた消費課税，個人所得課税，法人課税，資産課税等の検討課題に対して講じた措置，毎年度の税制改正の中の主要な改正事項について，その内容と問題点が検討される。結論的には，いずれの年度の個別税制の改正でも対応措置は講じられているものの，筆者が問題点として指摘した事柄からして，また税制の財源調達機能や所得再分配機能の強化という重要な視点に照らしてみても，全体として不十分で問題の多い個別改正となっている，という。また，今後の税制改革の方向性について，政府税調の2023年答申を参考に一定の考察も行う。

第2章「現代日本の所得税収の回復と実態―2010年代の動向を中心に―」（関野満夫）では，バブル経済崩壊以降停滞していた国税収入とくに所得税収入が，

2010年代以降になって一定の回復傾向を示してきたことについて，国税庁資料に基づいて，所得税収増加の背景となる所得構造，所得階級別に見た所得と負担状況，所得税の応能負担・累進的負担の実態について検討する。結論として，源泉所得税とくに給与所得税は高額所得層の所得増加による貢献が大きく，低中所得層の成長が十分でないこと，源泉所得税では配当所得税の増加も目立つがその配当所得の多くは富裕層に帰属し分離課税によって累進課税されていないこと，申告所得者の所得税においては配当，株式譲渡益，不動産譲渡益はもっぱら富裕層に占有されて累進課税も機能していないこと，が指摘される。

第3章「財政民主主義と繰越明許費」（浅羽隆史）では，近年の日本予算制度での繰越明許費の実態を財政民主主義の観点から問題にする。予算の単年度主義（事前決議の原則）や会計年度独立の原則の例外である繰越明許費は，効率性の確保や事業の円滑な進捗に有効である。しかし，あくまで例外の存在であり，効果が確実に見込まれる事業のみへの抑制的な運用が望まれる。一方，実際の運用を見れば，およそ抑制的とは言えない。バブル崩壊後，公共事業中心に繰越明許費そして明許繰越が増加し，リーマンショックや東日本大震災を機に公共事業以外でも繰越明許費が膨張した。さらに15カ月予算の恒常化によって，高水準の繰越明許費が維持されるようになった。コロナ禍では，各種予備費の使用を含め繰越明許費や明許繰越が莫大なものとなった。とくに予備費使用による明許繰越の膨張は，予備費という例外に明許繰越という例外を重ねたものである。財政民主主義の軽視は，非常に危険なことである，と指摘する。

第4章「人口減少と都道府県への地方交付税配分についての考察」（中島正博）は，2007年度と2016年度の2時点間の人口減少の割合で都道府県を4グループに分け，同期間の基準財政収入額と基準財政需要額の増減を検討したものである。

基準財政収入額は，人口減少の度合いが大きいほど，その伸びが大きくなっており，これは，税収は減少するものの，地方消費税の増税及び人口で案分する比率が高まったこと，加えて事業税の一部を地方法人特別譲与税とする税制改革の結果，人口減少の県に相対的に有利な算定となったからだと考えられる。

一方，基準財政需要額は，人件費は減少傾向ではあるものの，福祉費が大きく増加しており，人口増の都府県ほど，基準財政収入額のそれを上回る規模で基準財政需要額は増加している。これらの結果，地方交付税（普通交付税）は，人口増の都府県グループにおいてより多くの配分がなされる結果となった，という。

第5章「水道事業の広域化に関する背景と課題について―香川県水道広域化前後における水不足事情を中心に―」（田代昌孝）では，2018年度（平成30年度）香川県広域水道企業団の設立前後において見られた渇水による減圧給水と断水影響人口に着目しながら，香川県水道事業の広域化を定量的に評価することを目的としている。香川県水道広域化が実現する前では，2009年度（平成21年度）と2013年度（平成25年度）において，香川県の幾つかの水道事業体が減圧給水となっていた。2018年度（平成30年度）の広域化が実現されて以降は，渇水による減圧給水は行われていない。また，断水については広域化前において，平均22.41人/時であったものが，広域化後2018年度（平成30年度）7.29人/時，2019年度（令和元年度）には3.76人/時へと深刻な断水人口が大きく改善されている。そのため，水サービス供給の安定化の観点から捉えると，香川県水道事業の広域化は一定の成果を上げたと言える，と結論している。

第6章「我が国財政の持続可能性―カナダの財政再建を事例として―」（広瀬義朗）は，カナダの財政再建の事例を通じて我が国財政の持続可能性について論じる。戦後，先進諸国は比較的高い経済成長を達成できたが，2度のオイルショック後の1980年代以降，経済成長率はかなり鈍化してしまった。一方で，社会の成熟化や少子高齢化による支出拡大はますます進み，支出の見直しや抑制は先進国共通の課題となっている。少子高齢化による労働力不足や景気低迷，財源不足等で財政赤字が慢性化する中，増税よりも歳出抑制で債務を削減し財政再建を果たしたのはカナダであった。本章は，租税政策や債務削減を行い，経済の成長軌道に乗ったカナダの財政再建の事例を通じて，現在巨額の債務を抱える我が国財政の持続可能性について論じる。

最後に，第7章「英国NHSの医療施設問題とNHSプロパティサービスの取り組み」（柏木恵）のねらいと要旨は次のとおりである。日本では，公共インフラの老朽化や行政サービスのデジタル化の遅れなど，制度疲労が指摘されている。英国でも同様であり，制度疲労に対する改革・改善の取り組みを考察することは重要である。本章で検討する国民保健医療サービスの医療施設問題とNHSプロパティサービスの取り組みは，1948年の創設当時から問題を抱えながら持続してきたケースである。古くから存在する診療所や地域病院の歴史や事情に起因した杜撰な事務処理による施設の賃貸借契約の未締結と賃料未納が起きていた。ある一般開業医は，借りている商業施設の家賃を全額支払っているのに，NHSが保有する敷地を占有している別の一般開業医は家賃を支払っていないという不公平な状況が起きていた。この解決に向けて，賃貸借契約締結や施設・資産台帳のデータ整備などの対応について検討する。

2024年10月

財政研究部会主査　関　野　満　夫

目　　次

第 1 章

日本税制の現状と課題

片　桐　正　俊

はじめに

本章では，第2次安倍政権から菅政権を経て岸田政権に至る約10年余の毎年度の税制改正を振り返り，日本税制の現状と課題と改革の方向性について考察する。第2次安倍政権成立少し前の民主党政権下での3党合意で，2012年8月に成立した社会保障・税一体改革法たる「税制抜本改革法」以来，税制の抜本改革と言えるものは行われていない。

2012年税制抜本改革法の正式名は，「社会保障の安定財源の確保等を図る税制の抜本的な改革を行うための消費税法の一部を改正する等の法律」（略称：消費税法等改正法）である。また，同法は通称で「消費増税法」と呼ばれることが多い。その名称で分かるように，同法の主内容は，消費税の税率を2014年4月から8%，2015年10月から10%に2段階で引き上げることである。ただし，税率引上げの時期はその時の政府が経済状況等を見て最終的な判断を下すことになっている。そして，同法第七条で政府に対して次のような指示を与えている。

「政府は……社会保障・税一体改革大綱に記載された消費課税，個人所得課税，法人課税，資産課税その他の国と地方を通じた税制に関する抜本的な改革及び関連する諸施策について，次に定める基本的な方向性によりそれらの具体化に向けてそれぞれ検討し，それぞれの結果に基づき速やかに必要な措置を講じなければならない。」

その上で同法第七条は，個別税制について下記のような検討課題を挙げて，政府に速やかに必要な措置を講じるよう命じている。

〔消費課税関係〕：① 低所得者に配慮する観点から，番号制度，給付付き税額控除，複数税率の導入　② 簡易課税制度のみなし仕入率の見直し

〔個人所得課税関係〕：① 公社債等に対する課税方式の変更及び損益通算等の範囲拡大　② 給与所得控除の在り方　③ 年金課税の在り方

〔法人課税関係〕：実効税率引下げの効果等

〔資産課税関係〕：① 事業継承税制の見直し　② 相続税の在り方

この税制抜本改革法の指示を受けて，安倍政権は，2013 年 6 月に政府税制調査会に経済社会の構造変化を踏まえた税制の構造的な見直しを諮問し，それに対し政府税調は，2015 年 11 月に経済社会の構造変化を踏まえた税制のあり方に関する論点整理をはじめとする報告書等を取りまとめている。さらに，2019 年には，こうした成果を踏まえつつ，新たな令和時代の税制のあり方についての考え方を提示した「経済社会の構造変化を踏まえた令和時代の税制のあり方」を政府に答申している。また，政府税調は 2021 年 11 月には，新しい資本主義を唱える岸田総理大臣から持続的かつ包摂的な経済成長の実現と財政健全化の達成を両立させるため，公平かつ働き方等に中立的で，新たな時代の動きに適切に対応した，あるべき税制の具体化について諮問を受け，2023 年 6 月に「わが国税制の現状と課題—令和時代の構造変化と税制のあり方—」を答申している。

これらの政府税調の答申は，中長期的視点からあるべき税制のあり方を検討したものである。実際に毎年行われる予算の一環としての税制改正では，政権与党が推進する「アベノミクス」や「新しい資本主義」の成長路線に適合するような税制改正事項が優先されるため，中長期的視点からのあるべき税制が部分的に採用されることがあっても包括的に採用されることはあまりない。理論的に決まるよりも政治的に決められてしまうことが多く，それだけに問題も多

い。

問われるべきは，この10年余の期間に，実際に行われた毎年の税制改正において，人口減少・少子高齢化，働き方やライフコースの多様化，グローバル化の進展，経済のデジタル化等の経済社会の構造変化に対応し，2012年抜本税制改革法の指示した方向に向って，税制の財源調達機能と所得・資産再分配機能を高めることができているかどうかである。

以下，それを第1節では個人所得税，第2節では法人税と国際課税，第3節では消費税，第4節では資産課税に分けて，順に検討する。ただし，各個別税制改正の中には，多数の小規模な税制改正事項が含まれているが，ここでは主要な税制改正事項についてだけ取り上げることにする。

1. 個人所得税の主要な改正と課題

1-1　2013年度税制改正における，個人所得税の累進性強化

2014年度からの消費増税実施の地均しとして，所得格差の拡大と消費増税による低所得者の負担増に配慮して，富裕層に対し所得税の累進性を強化することとなった。所得税は，2015年分の所得から4000万円超の課税所得に対し，最高税率45％（現行40％）が適用されることになる。所得税率は，現在5，10，20，23，33，40％の6段階であるが，これに45％を加えて7段階になった。

この改正に対し，片桐（2013）は次のような問題点を指摘している[1)]。

「課税所得が4000万円を超える人は所得税納税者4850万人の0.1％を占めるに過ぎない。税収増は年約600億円程度である。この程度の富裕層増税ではとても低下している所得税の財源調達機能と所得再分配機能を大きく改善することにはならない。せめて公明党が主張したように，3000万円超に45％，5000万円超に50％を課した方が両機能の改善に資するものになったであろう。」

1）片桐（2013），12頁。

1-2　2017 年度税制改正における，配偶者控除及び配偶者特別控除の見直し

これまで配偶者控除には「103 万円の壁」問題があることが指摘されてきた。つまり，配偶者が就業時間を調整して，納税者本人に配偶者控除が適用される 103 万円以内に給与収入を抑えるという問題である[2)]。

働き方改革の一環として 2017 年度改正の目玉となるはずであった配偶者控除の見直しは，配偶者控除を廃止し夫婦控除に置き換える改革となるように一時は思われたが，政治的思惑からその案は頓挫し，配偶者控除の対象となる配偶者の年収上限を 103 万円から 150 万円に 2018 年 1 月から引き上げる改正案となって収束した。こうした配偶者控除の見直しに伴って，配偶者特別控除も見直されることになった。配偶者の年収上限が 150 万円を超えてもいきなり控除額が消失するのではなく，配偶者の年収が約 201 万円で消失するまでは逓減していく特別控除制度になった。

なお，上述のように配偶者控除及び配偶者特別控除を見直すと，大幅な減収になるので税収中立の改革にするために，配偶者控除を受ける世帯主に年収制限を課すことになった。世帯主の年収が 1120 万円を超えると，控除額が逓減していき，1220 万円で消失する制度となった。財務省の試算では，約 300 万のパート世帯が減税となり，世帯主の年収が 1220 万円を超える世帯など 100 万世帯が増税となる。

この改正に対し，片桐（2017）は，次のような問題点を指摘している[3)]。

「第 1 に，そもそも配偶者控除の見直しは，女性の働き方改革の一環として提起されてきたのに，パート主婦（配偶者）の年収上限を 103 万円から 150 万円に引き上げても，パート主婦が基礎控除と配偶者控除の二重控除を受けるために，多少のパート就労増加になるとしてもとても働き方改革にはなりえず，150 万円という新たな壁を作ったに過ぎず，問題は全く解決していない。

第 2 に，パート主婦の就労拡大を妨げているのは，配偶者の妻の年収制限だけではない。パート主婦の年収が 130 万円以上になると社会保険料等を納めね

---

2)　佐々木・木原（2017），89 頁。
3)　片桐（2017），9-10 頁。

ばならなくなる「130万円の壁」がある。加えて16年10月からは501人以上の企業で働く等の条件を満たすパート主婦には106万円から社会保険料の負担が生じており，新たに「106万の壁」ができた。したがって，社会保険料負担と税との調整のないままに，配偶者控除対象のパート主婦の年収上限を引き上げても，その就労拡大の効果はあまり期待できない。

第3に，企業は配偶者の年収上限を103万円あるいは130万円として配偶者手当を支給しており，これもパート主婦の就労拡大を妨げる要因になっているので，企業とも連携した税制改正にならないと，女性の就労拡大を税制改正だけで後押ししようとしても目的の達成は難しい。

第4に，経済的格差が広がる中で，所得税の再分配機能の強化が喫緊の課題となっている点に照らせば，配偶者控除を廃止して夫婦控除（所得控除よりも税額控除）に向けた改革に踏み出すべきチャンスであったのに，17年度配偶者控除の見直しは，むしろそれに逆行するものとなってしまった。」

1-3　2018年度税制改正における，給与所得控除・公的年金等控除から基礎控除への振替とこれら3控除の見直し

まず，働き方の多様化を受けて，給与所得控除及び公的年金等控除の控除額を一律10万円引き下げ，基礎控除の控除額を38万円から48万円へ一律10万円引き上げた。

そして，給与所得控除・公的年金等控除・基礎控除を次の①②③のように見直した。

①　給与所得控除の改正：給与収入が850万円を超える場合の控除額を195万円に引き下げた。ただし，子育てや介護に配慮する観点から，23歳未満の扶養親族や特別障害者である扶養親族等を有する者等に負担増が生じない措置を講じた。

②　公的年金等控除の改正：公的年金等収入が1000万円を超える場合の控除額に195.5万円の上限を設けた。公的年金等以外の所得金額が1000万円超の場合は，控除額を引き下げる。

③　基礎控除の改正：合計所得金額2400万円超で控除額が逓減を開始し，2500万円超で消失する仕組みとした。

この改正に対し，片桐（2018）は次のような問題点を指摘している[4)]。

「第1に，個人所得税制の最大の課題は，所得再分配機能を回復させるための抜本改革を実行することであるが，そうはならなかった。19年10月の消費税率引上げ時の軽減税率導入財源の確保を最重要視し，所得税見直しによる増税対象を850万円まで引き下げたが，ここ数年所得再分配機能の回復を唱えながら，実質的には給与所得控除の縮減や配偶者控除の見直しによる負担増を高所得の会社員に強いてきたのと同様の措置にとどまるものである。会社員の年収850万円層は，富裕層というより上位中間層といってもよい所得層であり，その所得層の働く意欲への影響が逆に懸念された。

第2に，給与所得控除は，会社員の所得課税には事業所得や農業所得のように必要経費の実額控除が認められていないこともあって設けられており，いわゆるクロヨン問題が解消したことが実証されていないのに，事業者や農業者の所得把握を全然問題にせず，ただ財源確保の水準を先に決めて給与所得控除をご都合主義的に縮減するのはいかがなものか。

第3に，年金収入が1000万円を超える高齢者の公的年金等控除は縮小するが，働く高齢者の給与所得控除との二重取り問題は残ったままである。」

1-4　2023年度税制改正における，「1億円の壁」是正のための金融所得課税

「1億円の壁」問題とは，総所得が1億円を超えると所得税負担率が低下していき，税制が富裕層を優遇し，格差を拡大している問題を指す。何故そうなるかというと，会社員の給与にかかる所得税は所得が増えるにつれて，国税・地方税合わせて最高税率が55％まで累進税率が適用され，負担率も上昇していく。他方富裕層が多く持つ株式，土地，建物等の売却益には一律20％の所得税率が適用され，売却が多いほど税負担は低くなる。この結果統計上1億円

4）　片桐（2018），11頁。

を境に租税負担率が下がる。

2023年度改正では，この所得税負担の格差を是正するために，給与所得，株式や土地・建物の売却益等を合わせた総所得が約30億円を超える約200～300人を対象に追加課税を行う。この超富裕層の総所得から3.3億円を控除した金額に22.5%の税率を乗じた金額が，その年の基準所得税額を超える場合に，その差額を追加課税する。所得が50億円程度の場合，租税負担率は2～3%増える見込みがある。この追加課税は2025年から適用される。

この改正に対し，片桐（2023）は，次のような問題点を指摘している[5)]。

「対象者は，200～300人程度と超富裕層に限定しているので，「1億円の壁」是正の効果としては，つまり所得再分配効果としては弱い。金融市場や新興市場への悪影響，投資の抑制を懸念してのことで，金融所得課税としては，不十分なものに止まっている。格差是正への政権の意欲が問われている。」

1-5　2023度税制改正における，家計金融資産を貯蓄から投資にシフトさせるNISAの抜本的拡大や恒久化

NISA（少額貯蓄非課税）制度は貯蓄から投資への流れを促すために2014年に設けられた。2023年度改正前は，①株や投資信託などに年120万円まで5年間投資できる「一般NISA（14年1月開始）」，②投資信託に非課税で年40万円まで20年間投資できる「つみたてNISA（18年1月開始）」，③株や投資信託に年80万円まで5年間投資できる未成年向けの「ジュニアNISA（16年4月開始）」の3つから成っていた。

このうち，③「ジュニアNISA」は2023年末で廃止になるが，①と②は新しいNISAとして2024年1月からは併用できるようになる。この制度改正によって，非課税保有期間を無期限化するとともに，口座開設期間については期限を設けず，NISA制度を恒久化する。そして，つみたて型の上限額を3倍の年120万円に拡大し，一般型は「成長投資枠」に名称を変え，2倍の年240万円

5）片桐（2023），16頁。

にする。生涯の限度額は富裕層に恩恵が偏らないように1800万円（成長投資枠は1200万円まで）とした。

NISAは，岸田政権が推進する中間層の資産倍増計画の目玉施策と位置づけられる。だが，この改正に対し，片桐（2023）は次のような問題点を指摘している[6)]。

「NISAの口座数は現在合計約1700万口座あると言われているが，岸田政権の資産所得倍増計画では今後5年間で口座数を3400万口座に，NISAを通じた買付金額を現在の約28兆円から56兆円に倍増させるという目標を設定している。果してNISA制度の拡充・恒久化だけで計画通りにいくかどうか，リスク資産の購入であり，NISAを使う個人投資家は海外投資に向かう傾向があり，国内外の証券市場の動向も影響するので楽観視はできない。

23年度改正で，年間非課税投資額は積立型で3倍化，成長投資枠で2倍化して合計360万円にまでなっており，また生涯の非課税限度額も従来つみたて型800万円，一般型600万円だったのを改正後1800万円（うち成長投資枠1200万円）に拡大しているが，中間層のために年間非課税投資額と生涯の非課税限度額をここまで拡大する必要があるのだろうか。実際には，富裕層がこの制度転換に便乗すれば新たな所得格差問題を生みかねない。」

1-6　2024年度税制改正における，所得税・個人住民税の定額減税

「2024年度税制改正の大綱」によれば，2024年6月より1人当たり4万円（所得税3万円と住民税1万円）の定額減税を実施する。扶養家族も対象になる。したがって納税者本人と配偶者，子供1人の3人家族の場合12万円の定額減税となる。年収2000万円を超える富裕層は減税の対象外となる。

住民税が非課税の低所得の1500万世帯には1世帯当たり7万円を給付する。住民税課税，所得税非課税の世帯には，2023年3月の物価高対策で決定済みの3万円の給付金と合せて，10万円を現金給付する。これらの世帯にはこれ

6）片桐（2023），15頁。

とは別に，18 歳以下の子供 1 人当たり 5 万円を追加給付する。

この改正に対し，片桐（2024）は，次のような問題点を指摘している[7]。

「第 1 に，所得税減税に関し，岸田首相は「税収増の還元」というが，自民・宮澤税調会長は「税収を全部使った上で赤字国債を発行しているのだからそれは還元ではない」旨の発言をしている。

第 2 に，政府は直面する物価高への対策として定額減税を打ち出したのであるが，物価高に最も苦しんでいる低所得世帯にとって，所得減税の恩恵は少なく，しかも実施されるのは 24 年 6 月なので，政府対応では遅すぎる。

第 3 に，日本経済の需要不足が解消する中では，所得減税や給付金はインフレ圧力を高める可能性もある。

第 4 に，東日本大震災に伴う復興所得税の税収が減る可能性がある。復興所得税は所得税の税額に一律 2.1％を上乗せしており，定額減税が実施されると，約 500 億円の減収となる見込みである。これへの対応策が何も決まっていない。」

1-7　2024 年度税制改正における，扶養控除の見直し

2024 年 12 月から高校生年代にも所得制限なしに児童手当が月 1 万円支給されることに伴い，16 歳から 18 歳までの子供がいる世帯に適用される扶養控除が縮小される。所得税の控除額は 2026 年以降 38 万円から 25 万円に，住民税は 27 年度以降 33 万円から 12 万円にそれぞれ引き下げられる。扶養控除は中学生以下では廃止されており，制度のバランスを取るためである。所得階層間の支援の平準化を図ることを目指す改正については，2025 年度税制改正において結論を得ることになった。

この改正に対し，片桐（2024）は次のような問題点を指摘している[8]。

「第 1 に，政府は中学生以下には扶養控除がなく制度のバランスを取るために扶養控除の縮小を図るというが，児童手当の財源確保という「増税メガネ」で見た判断が働いているのではないか。

7）　片桐（2024），13 頁。
8）　片桐（2024），16 頁。

第2に，政府は扶養控除の縮小で負担が増えても，児童手当の支給額がそれを上回るので，負担増にならないと説明するが，そのことでもって「次元の異なる少子化対策」にすることができたと胸を張れるような水準ではないということである。

第3に，扶養控除の縮小によって，高校無償化（高等学校等就学支援金制度）の所得制限（私立高校年収約510万円，国公立高校年収910万円）等に引っかかって，その恩恵に浴せない世帯が出てきそうである。」

2. 法人税の主要な改正と課題

2-1 2015年度税制改正における，法人実効税率引下げと2016年度改正における，その実施の前倒し

アベノミクス推進のための成長最優先の2015年度改正の目玉は，法人税率引下げ等の法人税改革であった。安倍政権は，2014年6月に閣議決定した「法人税率を来年度から数年で20%台に引き下げる」という方針を，総選挙で勝ったこともあって2015年度改正の柱に据えた。法人税率大幅引下げをアベノミクスの第3の矢である成長戦略の柱と位置づけているためである。

改正前の国・地方の法人実効税率は，法人税率25.5%，法人事業税率所得割（標準税率）7.2%なので，34.62%となっていた。改正により，法人税率を2015年度23.9%，2016年度23.9%に，また法人事業税所得割を2015年度6.0%，2016年度4.8%に変更するので，国・地方の法人実効税率は2015年度32.11%で，2016年度は31.33%にまで下がる予定であった。

ところが，法人税率引下げを成長戦略の柱と位置づける安倍政権は，過去最高水準の343兆円にまで積み上がっている企業の内部留保を設備投資と賃上げに向かわせ，経済の好循環を確実なものにして新3本の矢の1つに掲げられるGDP600兆円を目指すべく，財界の要望に応えて国・地方の法人実効税率を現行（2015年度）の32.11%から，これまで20%台にするのを2017年度からと想定していたのを1年前倒しして2016年度に29.97%に引き下げ，さらに2018年度には29.74%にまで下げることを決定した。国の法人実効税率だけだと

2015年の23.9％から2016年度には23.4％へ，さらに2018年度には23.3％へと引き下げられることになった。

この改正に対し，片桐（2016）は次のような問題点を指摘している[9)]。

「確かに，法人税率引下げの国際競争は加速化しており，日本の国・地方の法人実効税率は，イギリスの20.0％，シンガポール17.0％，韓国の24.2％，中国の25.0％と比べればなお高い水準にある。しかし，法人実効税率の引下げによって企業が積み上がった内部留保を国内の設備投資の大幅拡大や賃上げに振り向けるのかというと必ずしもそうではなく，下手をすれば減税分を使わずにさらに内部留保を積み上げることになってしまうかもしれない。企業がコストの高い国内よりも海外に投資先を求め拠点を置く傾向は，円安が進んでもなお強い。日本企業の海外での合併・買収（M&R）は16年に初めて10兆円を超えたと言われている。また国内にあっては，企業は設備投資よりも研究開発投資に重点を置くようになってきている。したがって，法人実効税率を引き下げても，企業にとっての減税の恩恵が単純に，国内の設備投資の拡大に向かうわけではないのである。また法人税実効税率の引下げは，外国資本を呼び込むことになると期待する向きもあるが，外国資本は税率だけで投資環境を見ているわけではないので，その他の投資環境も整えないと，外国資本の呼び込み効果も多くを期待できない。」

さて，法人実効税率の引下げで1兆円規模の減収となる。税収中立の法人税改正にするために，外形標準課税の拡大で約8000億円を確保し，残り約2000億円を設備投資減税の縮小，減価償却制度の見直し，繰越欠損金制度の縮小等で確保する予定である。

では，法人事業税の外形標準課税の拡大とはどういうことか。改正前は資本金1億円超の大企業に資本割や付加価値割の形で外形標準課税が行われているが，法人事業税に占める外形標準課税の割合を改正前の8分の3から2016年度には8分の5まで拡大するものである。付加価値割の税率は改正前の0.72％

9）片桐（2016），10頁。

から2016年度は1.2％となり，資本割の税率は，改正前の0.3％から2016年度は0.5％となる。

この改正に対し，片桐（2016）は次のような問題点を指摘している[10)]。

「外形標準課税の拡大によって所得割部分の割合が小さくなるので，赤字企業には増税となる。安倍政権は，企業に賃上げを要求しているが，外形標準課税の付加価値割には給与総額が含まれているので，賃上げしても付加価値割の給与総額部分が膨らんで税収として吸い上げられてしまうことになり，労働集約的赤字企業にはとりわけ大きな負担となる。もっともこれをテコにそのような企業の構造改革を推し進める狙いがあるとも読める。」

なお，欠損金の繰越控除制度は，企業が過去の赤字額を9年間にわたり改正前では所得の65％まで控除できる制度で，2017年度にはその上限を所得の50％に縮小する予定であったが，法人実効税率引下げの財源を確保するために，2016年度にその上限を所得60％にまで縮小することになった。

2-2　2013年度，2018年度，2021年度，2022年度，2024年度税制改正における，賃上げ税制の展開

賃上げ税制の変遷については田村（2022）が詳しい[11)]が，簡単に推移を示せば，次の〔　〕内のようになる。

〔2013年度「所得拡大促進税制」創設→18年度「賃上げ・設備投資優遇税制」→21年度「賃上げ・設備投資優遇税制」の見直し→22年度「賃上げ促進税制」へ改組→24年度「賃上げ促進税制の強化」〕

安部政権は，雇用対策等を通じた成長力の強化を目指して，2013年度税制改正で，3年間の時限措置として，労働分配（給与等支給）を5％以上増やした企業に，その増加額の10％の税額控除を可能とする「所得拡大促進税制」を創設した。

その後，2018年度改正による「賃上げ・設備投資優遇税制」で，大企業は，

10）片桐（2016），10頁。
11）田村（2022）参照。

平均給与等支給額を対前年度比で3%以上増やすほか，減価償却費総額の90%以上の設備投資を行う場合に，給与総額が前年度から増えた分の15%を，法人税から税額控除してもらえることになった。さらに社員教育などの人材投資額を直接2年間の平均の1.2倍以上に増やせば，給与総額増加分の5%が上乗せされ，20%まで税額控除が認められることになった。

中小企業は，設備投資要件が入っておらず，平均給与等支給額が対前年度比1.5%以上増加した場合，給与総額増加分の15%を税額控除してもらえる。社員教育でも，15%の控除に10%分を上乗せして，最大で25%まで税額控除が受けられる。

この改正に対し，片桐（2018）は次のような問題点を指摘している[12)]。

「税制によって賃上げを後押しする政策は13年度から続けられており，18年度税制改正で4回目の見直しとなる。アベノミクスで企業業績は回復しているが，内部留保は積み上がるばかりで，今や400兆円を超える状態になっていて，賃上げや投資は政府が期待するほどには進んでいない。18年度改正の賃上げや設備投資を促す法人減税も，3年間の時限立法だけに，賞与や手当で全体の給与が3%も増えれば優遇税制の適用が受けられるので恒久的な基本給引上げにまで至らないのではないか。また，賃金が上がったとしても，大企業の中高年社員の賃金が一番上がりそうであるが，給与所得控除の縮減により850万円以上が増税になるので，850万円超の所得層では上がった賃金の一部が税として国に吸い上げられる可能性もあり，政策的に矛盾する面もある。賃上げで消費を活性化し，「経済の好循環」が生まれることを安倍政権は期待しているが，仮に高所得者に3%の賃上げが実現しても給与所得控除の縮減に妨げられる可能性があり，消費の活性化に果たしてうまくつながるのか疑問である。」

ところで，岸田政権下の2022年度改正では，同政権の掲げる「成長と分配の好循環」を実現する分配政策の1つとして賃上げ促進税制を位置づけ，既存の賃上げにかかる税制を改組した。

12）　片桐（2018），12-13頁。

これまでは，大企業は新規雇用者の給与総額を2%以上増やした場合，中小企業は雇用者全体の給与総額を1.5%以上増やした場合に，給与総額の増加額の15%を法人税額から控除することができた。

岸田政権下の2022年度改正後の制度では，給与総額の増加額のうち法人税額から控除できる割合（控除率）を，大企業では継続雇用者の給与総額を3%以上増やした場合に15%とし，中小企業では雇用者全体の給与総額を1.5%以上増やした場合に現行通り15%とした。賃上げ税制の新たな仕組みの基本はこの通りであるが，2023年までの2年間に採られる賃上げ促進税制では，賃上げ率（給与総額の増加率）や教育訓練費の増加率に応じ，大企業と中小企業のそれぞれに上乗せできる控除率が設定されており，大企業では最大30%，中小企業では最大40%の控除率になる。

この改正に対し，片桐（2022）は次のような問題点を指摘している[13)]。

「第1に，13年に安倍政権が所得拡大促進税制を導入して以来，現金給与総額の上昇率が最大でも1%台前半であったと推定されており，賃上げ効果は限定的であった。そこで岸田政権と与党は賃上げ促進税制の強化策の1つとして，「一人ひとりの賃金の引上げ」が重要とする首相の考えを踏まえ，ボーナスを除いて基本給をベースとした方が賃金の持続的上昇につながるとみて，仕組みを検討した。しかし，基本給を上げると固定費化され，年金や社会保険料の企業負担も増すことから，政府・与党内に反対もあって断念し，給与総額を基準に控除率を定める従来の方法を継続した。基本給をベースとしなければ，賃金引き上げ効果もやはり限定的なものに留まるのではないか。

第2に，利益を上げていないため法人税を払っていない赤字企業は当然賃上げ促進税制の優遇措置を受けられないが，大企業で3割，中小企業で実に6割強が赤字企業であるため，その分賃上げ効果は期待できない。今日ある企業の総数は421万社で，大企業が約1.2万社（0.3%），中小企業が約419.8万社（99.7%）なので，赤字企業が多い中小企業において，圧倒的多数の企業が賃上げ促進税

13） 片桐（2022），15-16頁。

制の優遇を受けられないことになる。

第3に，22年度に0.5%以上，23年度以降に1%以上の賃上げを行わず，設備投資も不十分な場合には「研究開発減税」や「5G促進減税」などの優遇措置を適用しないとしているが，これらの優遇措置を受けている企業の数は限られているので，あまり「ムチ」が効きすぎると，これらの優遇措置を受けている企業の研究開発や5G投資促進の意欲に水を差すことになるかも知れない。

第4に，そもそも労使で決めるべき賃金を政府が税財政を使って賃上げに介入することに対して批判の声がある。企業が賃金を上げない根本的問題として，日本の労働生産性の低迷があるので，日本の企業が20年度で484兆円もある内部留保を投資や賃上げに回せるような，安倍政権でも打ち出せなかった成長戦略を大胆に打ち出し，労働生産性を高めない限り，賃上げ政策だけでは限界がある。」

さて，賃上げに強くこだわる岸田政権下の2024年度改正では，賃上げ促進税制の強化を一段と推進することになった。すなわち「物価上昇を上回る賃上げ」に向けて，給与増の優遇区分を見直し，2023年度末期限の賃上げ促進税制を大幅に拡充し，3年延長することになった。

給与増の優遇区分の見直しについて述べる。これまで大企業の場合，給与総額が前年比3%以上増えれば給与増加額の15%を，4%以上なら25%を法人税額から差し引けたが，24年度改正でそれぞれの控除率を引き下げ，給与増加額に5%と7%の基準を新たに設け，控除率をそれぞれ20%，25%とした。資本金1億円超，従業員2000人以下の中堅企業は給与総額を3%または4%以上，中小企業は1.5%または2%以上増加させれば優遇を受けられることになった。さらに，子育て支援・女性活躍や教育訓練経費の増加に力を入れている企業には，税額控除率を5%上乗せする。中小企業には，賃上げしても赤字だった場合に優遇枠を5年間繰り越せるようにした。

この改正に対し，片桐（2024）は次のような問題点を指摘している[14]。

14）　片桐（2024），14-15頁。

「第1に，24年度改正では，上述のように，給与増の優遇区分をかなり見直しており，政府としては，23年春闘以上の賃上げを期待しているのは間違いない。ただ，23年の春闘では連合の集計でこれまでにない平均3.58%の賃上げを実現したものの，物価の伸びの方がそれを上回り，実質賃金マイナスの状態が続いている。したがって，問題は，新たな賃上げ促進税制の3年間に，毎年の春闘で物価高を上回る賃上げを実現できるかどうかである。政府は給与増の優遇区分の見直しで実質賃金がプラスに転じる見通しとなる推計を国民の前に提示すべきで，それを何もせずに，現状改善による願望だけ述べても，国民を納得させることはできないのではないか。

第2に，賃上げ促進税制は現金給与総額の増加率を基準に控除率を決めているが，基本給を基準に控除率を決めないと，賃金引上げ効果も限定的なものにとどまるのではないか。」

2-3　2017年度，2023年度税制改正における，国際課税の強化

2-3-1　2017年度税制改正における，海外子会社の課税強化

企業が法人実効税率の低い国・地域に事業実態のないペーパーカンパニーを設置し，課税逃れを図るのを防ぐための対策を強化した。2017年度改正前は，日本の企業が海外に置く子会社に適用される法人税の実効税率が20%未満の場合に限り，子会社の得た所得を日本の親会社に合算して課税していた。これを見直し，子会社の事業実態がペーパーカンパニーと認められる場合には，20%以上でも所得を合算することで課税を強化することにした。法人実効税率が日本（29.97%）より高い国や地域は対象外としたが，新たに中国，韓国，オランダなどに置いた子会社が対象となった。また，海外子会社が得ている配当や利子，有価証券の譲渡益などの所得に事業実態の裏付けがない場合は，日本からの課税対象に含めることになった。

2-3-2　2023年度税制改正における，法人最低税率の導入

2021年にOECDで法人税負担の最低税率を15%とする仕組み（グローバル・

ミニマム課税制度）が最終合意したことを受けて，2023 年度改正でグローバル・ミニマム課税を 2024 年度から実施することになった。対象となるグローバル企業は，売上高 7.5 億ユーロ（1000 億円超）以上の企業で，日本に 860 社超ある。対象となる日本のグローバル企業は，進出先の国の法人税の実効税率が 15％を下回れば，親会社のある本国日本で差分を日本の税務当局に対して，親会社の税金に上乗せして支払う。

この改正に対し，片桐（2023）は次のような問題点を指摘している[15)]。

「各国が法人税率を引き下げて企業誘致を狙う「底辺への競争」に歯止めをかけ，多国籍企業の課税逃れや各国の税源侵食を防ぐことができれば，大企業が応分の負担をし，財政健全化にも役立ち，また富の偏在の是正にもなると期待されるが，どれだけ実効性のあるものになるのかは，グローバル・ミニマム課税制度に合意した国々の取組みと実施状況にかかっている。」

グローバル・ミニマム課税は 24 年 4 月から始まったが，それに先立って日本経済新聞は，グローバル・ミニマム課税の導入について企業に実施した調査では，回答を得た 239 社のうち，約 41％（98 社）が「追加の税負担はほとんどないが事務負担がかなり増える」と答えたことを公表した。グローバル・ミニマム課税実施に際して大きな 3 つのルールがあり，そのうちの 1 つが所得合算ルールと呼ばれているが，このルールの対象となるかどうかの判定や申告書作成のために，企業は各国の会計や税務上の細かなデータを日本の親会社で集約するなど，これまで実施してこなかった手間やコストが発生するという。また，グローバル・ミニマム課税と，2-3-1 で述べた「海外子会社の課税強化」としてのタックスヘイブン対策税制との併存は過度な負担になっており，両制度の関係整理や適正化といった抜本的な見直しが必要だとする大手製造業者の意見も紹介している[16)]。

15）　片桐（2023），17 頁。

16）　日本経済新聞（2024）1 月 29 日付け朝刊，第 21 面。

3. 消費税の主要な改正と課題

3-1　2014年度税制改正における，消費増税による家計負担増への対応措置

消費税率が2014年4月に5%から8%に引き上げられたが，逆進性対策としては，住民税を払っていない2400万人に，1人当たり1万円を支給する「簡素な措置」(低所得者給付金) を実施しただけである。2014年度税制改正をめぐって議論になったのは，恒久的な低所得者対策として消費税にいつ軽減税率を導入するかという点である。結局2014年度改正の大綱では，「消費税の軽減税率制度は「社会保障と税の一体改革」の原点に立って必要な財源を確保しつつ，関係事業者を含む国民の理解を得た上で，税率10%時に導入する。対象品目の選定，制度整備，具体的な安定財源の手当てなど詳細な内容を検討して2014年12月までに結論を得る」ことになった。

3-2　2015年度税制改正における，消費再増税延期とその影響

消費税率（国・地方）は，2015年10月1日から10%へ引き上げる予定であったが，安倍政権は2012年消費増税法の「景気弾力条項」を使って引上げ時期を2017年4月1日に延期した。安倍政権が財政再建より景気対策を優先した結果，消費税率再引上げ時期延期を決めたが，それでは財政再建と景気（成長）との両立を方針としていることと辻褄が合わなくなるので，景気弾力条項を削除して，2017年4月には景気にかかわらず消費税率を10%に引き上げるべく消費税法の一部を改正した。

さて，2015年度に消費税率を10%に引き上げることを断念したために，社会保障の安定財源の確保に狂いが生じ，2015年度予算案においては，社会保障充実策の財源が1兆8000億円から1兆3600億円に縮小され，とりわけそのつけが高齢者に回されてしまった。すなわち低所得の65歳以上の介護保険料の軽減策が大幅に縮小された。また，「低所得の年金受給者への基本月5000円の給付金支給」と「年金を受けるのに必要な保険料支払期限を10年に短縮すること」は先送りされてしまった。

消費税率10%への引上げ時期の延期の影響はそれだけに止まらなかった。政府は2015年10月に消費税率が10%に上がる場合に，自動車取得税を廃止して，その代替財源として最大3%の燃費課税を実施する予定であったが，消費再増税の延期に伴い，自動車取得税が2017年3月末まで存続し，燃費課税は見送られることになった。

3-3　2019年度税制改正における，消費税軽減税率制度の導入

安倍政権は消費税率の8%から10%への引上げを，当初予定の2015年10月1日から2017年4月1日に延期したが，さらに2016年6月にそれを2019年10月に再延期した。

それで，2019年10月からの消費税率10%への引上げに合わせて，酒類や外食を除く飲食料品と，週2回以上発行され，定期購読されている新聞の税率を8%に据え置く軽減税率制度が導入されることになった。消費税は逆進性が強いので，生活必需品にかかる税率を軽減することにより，低所得者の痛税感を和らげることを目的としている。

この改正に対し，片桐（2019）は次のような問題点を指摘している[17)]。

「第1に，8%の軽減税率の恩恵を受けるのは，低所得者に限らず，高所得者も恩恵に浴することである。その点では，低所得者対策としては，採用されなかった給付付き税額控除の方が優れている。

第2に，外食や酒，医薬品は飲食料品に当たらず10%の税率が適用されるが，外食や酒，医薬品に該当するかしないのか線引きが難しいケースが多くあり，混乱が予想される。

第3に，軽減税率の導入には約1兆円の財源が必要であるが，この手当も十分できていない。低所得者の医療や介護の負担を軽くする「総合合算制度」の創設を見送った分で4000億円を捻出するとのことだが，低所得者対策としての軽減税率制度の財源を捻出するために，別の低所得者対策である「総合合算

---

17)　片桐（2019），9-10頁。

制度」の創設を見送るというのはおかしな話である。他に，3000 億円程度はたばこ増税と給与所得控除の縮小で確保し，残りの 3000 億円分はインボイスの導入で約 2000 億円，社会保障費の歳出見直しで約 1000 億円を確保する方針のようである。しかし，インボイス導入は 4 年後の話であり，社会保障改革による財源捻出の具体策は示されていない。」

3-4　2019 年度税制改正における，消費増税対策としての自動車・住宅減税

3-4-1　自動車税の恒久減税化等車体課税の見直し

2019 年 10 月の消費増税対策の重点の 1 つとして，自動車の取得時や保有時にかかる税金を引き下げることになった。また駆け込み需要と反動減といった需要変動を平準化し，2019 年 10 月からの上述の自動車減税の財源確保の観点から，既存のエコカー減税は縮小されることとなった。自動車の所有者が支払う自動車税（地方税）は恒久的に減税となる。2019 年 10 月以降新車を購入すると，1 台当たり 1,000～4,500 円安くなる。それによって地方税に穴が開かないよう代替財源の安定的確保のために，燃費の良いエコカー向けの減税を縮小する増税が行われる。2019 年 4 月から新車購入時に支払う「自動車取得税」を安くするエコカー減税が縮小される。同年 5 月には，購入時と車検時に支払う「自動車重量税」を軽くするエコカー減税も縮小される。

また，車の購入時に支払う自動車取得税は消費増税時に廃止する。代わりに，燃費に応じて課税する「環境性能割」を導入する。本来の税率は取得価額の最大 3%だが，消費増税後の 1 年間に限って最大 2%引き下げる。さらに，2021 年 4 月には，エコカーの購入翌年度の自動車税と軽自動車税を安くする「グリーン化特例」の対象を，電気自動車など次世代車に絞り込んで増税する。

この改正に対し，片桐（2019）は次のような問題点を指摘している[18]。

「以上のような車体課税の見直しは，駆け込み需要と反動減といった需要変動を平準化し，地方の安定的な財源の確保に資するものではあるが，自動車税

18）　片桐（2019），10 頁。

減税は規模が小さく，かつエコカー減税の縮小を財源としたため，消費を喚起することはあまり期待できないのではないか。」

3-4-2　住宅ローン減税の拡充

消費増税による住宅需要の減少対策として，住宅ローン減税の適用期間が現行の10年間から13年間に延長される。対象となるのは，2019年10月以降に契約し，2020年12月末までに引き渡された住宅やマンションに住民票を移して居住する人に限られる。

10年目までは，現在と同様に，毎年末の住宅ローン残高の1%を所得税や住民税から控除される。控除額の上限は，一般住宅が年40万円，長期優良住宅は年50万円である。11～13年目は，毎年建物購入価格の2%分を3等分した額と，年末の住宅ローン残高の1%分の額とを比べ，少ない方の額を所得税や住民税から控除する。

この改正に対し，片桐（2019）は次のような問題点を指摘している[19)]。

「このような住宅ローン減税の延長では，消費増税による負担増を帳消しにするほどの需要喚起効果は期待できないと思われる。」

3-5　小規模事業者に対するインボイスの負担軽減措置

2023年度改正において，2023年10月から消費税にインボイス（適格請求書）制度が導入されることになった。これまでの「帳簿方式」では帳簿上の仕入額から逆算した仕入税額を売上税額から差し引いて納税額を算出した。インボイス方式では，売上税額からインボイスに記載された税額を差し引いて納税額を算出する。免税事業者は消費税を納税していないので，インボイスを発行できない。買手事業者（課税事業者）は免税事業者から仕入れたのでは仕入税額を差し引けないので，売上税額がそのまま納税額になる。そこで買手事業者（課税事業者）は免税事業者からの仕入を回避し，免税事業者は取引から排除され

---

19)　片桐（2019），11頁。

てしまう可能性がある。取引の中間にある小規模事業者は課税事業者への転換を強制される恐れがある。

このため，これまで免税事業者であった小規模事業者（売上高1000万円以下の事業者）がインボイス発行事業者（課税事業者）になった場合，納税額を売上税額の2割に軽減する3年間の負担軽減措置を講じることになった。それは免税事業者の懸念に配慮したためである。課税事業者になると，販売価格に消費税分を転嫁できずに利益が減る懸念がある。その上，これまで納税せずに手元に置いていた益税が無くなってしまう。免税事業者が課税事業者に転換するのを後押しする，小規模事業者向けの負担軽減措置を設けることになった。

ただ，免税事業者が課税事業者になるかどうかはあくまで任意なので，免税事業者のまま残った場合，益税問題は依然残る。

また，買い手側の事務負担も軽減する。売上高1億円以下の事業者を対象に，1万円未満の仕入れはインボイスを不要とし，事務負担を緩和する。6年間の時限措置で，インボイスを保存しておかなくても帳簿があれば仕入れにかかった消費税の税額控除を受けられるようにする。消費税納税義務のない小規模免税事業者は，インボイスを発行できないため，買い手の課税事業者から取引を打ち切られる恐れがあったがその懸念は和らぐ。

4. 資産課税の主要な改正と課題

4-1　2013年度税制改正における，相続税の累進性強化と贈与税負担軽減措置

4-1-1　相続税の累進性強化

2014年度からの消費増税実施の地均しとして，所得格差の拡大と消費増税による低所得者の負担増に配慮して，富裕層に対し相続税の累進性を強化することになった。相続税の基礎控除については，これまでの「5000万円＋1000万円×法定相続人数」を「3000万円＋600万円×法定相続人数」に引き下げた。これによって，これまで死んだ人の4%にしか相続税がかかっていなかったのが，6%程度にまで上昇する。

税率については，課税対象遺産額が6億円を超えると超えた部分に55%の最高税率が適用される。遺産額が2億円超～3億円の部分に適用する税率も40%から45%に引き上げられた。結局相続税の税率は，これまでの6～50%の6段階から10～55%の8段階になった。

しかし，地価が高い都市部では，相続税増税の影響が大きくなりすぎることを恐れたため，2015年1月から負担を軽減する措置が取られることになった。すなわち，小規模宅地の相続税の評価額を8割減額する特例について，居住用宅地適用対象面積の240m²（約73坪）の上限を330m²（約100坪）に拡大することになった。

この改正に対し，片桐（2013）は次のような問題点を指摘している[20]。

「この特例の拡大で恩恵を受ける世帯（富裕層）はわずか3%程度と言われており，相続税の富裕層への課税強化という趣旨に反している。」

4-1-2　贈与税負担軽減措置

贈与税も改正された。2013年4月から2015年末までの3年間，孫1人当たり1500万円まで，孫が30歳になるまでの教育資金を一括して渡しても贈与税がかからない制度を新設した。資産を有する高齢者から教育費の負担の重い若い世代に資金を移転し，個人消費の増加や子育て支援に回そうというのがその狙いである。

この改正に対し，片桐（2013）は次のような問題点を指摘している[21]。

「こういうことができるのは富裕層の家庭である。このような生前贈与の優遇は，相続税の富裕層への課税強化という趣旨とは矛盾する。相続税逃れに利用される可能性もある。また，子供の世代の教育格差を生むことにもなりかねない。」

相続時精算課税制度について，財産を親から子へ生前贈与する場合2500万円まで贈与税非課税となっているが，改正では贈与者の年齢要件を改正前の

20）片桐（2013），13頁。
21）片桐（2013），13-14頁。

65歳以上から60歳以上に引き下げ，受贈者に孫を加えることになった。

この改正に対し，片桐（2013）は次のように問題点を指摘している[22)]。

「資産を有する世代から子や孫の世代への資金移転の加速化を狙いとしているが，富裕層を優遇するものであり，相続税の富裕層への課税強化という趣旨とは矛盾する。」

さらに，20歳以上の子や孫に資産を贈与する場合，資産の価額から年間非課税枠の110万円を差し引いた課税価格が300万円超～3000万円の人には，改正により改正前の税率より5～10%低い税率が適用される。

この改正に対し，片桐（2013）は次のように問題点を指摘している[23)]。

「これも富裕層に有利で，相続税の富裕層への課税強化という趣旨とは矛盾する。」

4-2　2015年税制改正における，住宅取得資金や教育，結婚・子育て資金の贈与税非課税枠拡大

2015年度改正では，2009年度税制改正で設けられた「住宅取得資金にかかる贈与税の非課税制度」が延長・拡充された。祖父母や親が子や孫に住宅購入資金を援助する場合にかかる贈与税の非課税枠は従来1000万円であったが，2015年1月から順次拡大することになった。2015年中は駆け込み需要の反動減対策として非課税枠を1500万円とし，2016年1月から9月まではそれを一旦1200万円に縮小し，2016年10月から消費再増税前の駆け込み需要抑制のために3000万円まで引き上げることになった。そして反動減の影響がなくなる2017年10月以降非課税枠を段階的に引き下げ，住宅販売の変動幅を抑制することにした。その後も経済対策の手段として，適用期限の延長や非課税枠の拡大が行われている。2024年度改正で，受贈にかかる適用期限が3年延長された。贈与税非課税限度額は，省エネ等住宅では1000万円，省エネ等住宅以外の住宅では500万円となっている。所得要件は，贈与を受けた年の受贈者の

22)　片桐（2013），14頁。
23)　片桐（2013），15頁。

合計所得金額が2000万円以下となっている。

さらに2015年度改正では，祖父母や親が子や孫に対して結婚・出産・育児に要する資金を一括して贈与する場合，子や孫1人につき1000万円まで贈与税がかからない非課税制度を創設している。20〜49歳の子や孫が対象で，50歳になれば残額に贈与税がかかる。

また，学校の入学金や授業料等「教育」に関する資金の贈与の非課税制度の期限は，2015年12月末までであったが，2019年3月末まで延長されている。非課税枠は30歳未満の子や孫1人当たり1500万円までで従来と変わらない。使い道も授業料だけでなく，留学渡航費や定期券代にも広げられた。

この改正に対し，片桐（2015）は次のような問題点を指摘している[24)]。

「上述のような贈与税の非課税枠の拡大措置は，高齢者層の金融資産を若年世代に移転し，消費の活性化をはかることを狙いとしているが，富裕層の相続税逃れに利用され，格差を固定化させる恐れが多分にある。」

4-3　2019年度，2021年度，2023年度税制改正における，教育資金や結婚・子育て資金の一括贈与に係る贈与税の非課税制度の延長と見直し

まず，教育資金の一括贈与にかかる贈与税の非課税制度について述べる。この制度は，上述のように2013年度改正で創設されたもので，祖父母や親が0歳から30歳未満までの子や孫に教育資金を一括贈与したときに，1500万円を上限に贈与税を非課税にする優遇制度である。2018年度末に期限切れとなるが，2019年度改正で2年間延長された。また，この制度は，高齢者の金融資産を若年層に移転するのを促すことを狙いとしているが，富裕層の相続税対策に使われ，経済格差の固定につながるとの批判が強いため，2019年度改正で対象を制限することになった。受け取る側の子や孫の所得を1000万円以下に制限し，受け取る側が23歳以上の場合，使途を制限し趣味の習い事等を除外することになった。

24）　片桐（2015），13頁。

ただ，この制度下では，これまで贈与した祖父母や親が死亡した場合，子や孫などが使い切れていない残りの資金について，相続税がかかっていなかった。節税目的の利用を防ぐため，2021 年度改正では子や孫が 23 歳未満や在学中の場合を除き，相続税の課税対象とし，通常の税額に 2 割加算することになった。

次に，結婚・子育て資金の一括贈与にかかる贈与税の非課税制度について述べる。この制度は，上述のように 2015 年度改正で創設されたもので，祖父母や両親が子や孫に結婚や子育て資金を一括贈与した場合，最大 1000 万円まで贈与税を非課税にするものであるが，教育資金と同じく 2019 年度改正で 2 年間延長された。ただし，これも教育資金と同様に批判に配慮して，受け取る側に 1000 万円の所得制限を設けることにした。

さらに，20 歳～50 歳未満の子や孫に 1000 万円までの結婚・子育て資金を一括贈与した場合に贈与税を非課税とする特例措置も，これまでの子や孫に対する相続税の 2 割加算が免除されているが，2021 年度改正では，2 割加算を適用し，2023 年 3 月末まで 2 年間延長した。

2023 年度改正では，教育資金や結婚・子育て資金のいずれも，一括贈与にかかる贈与税の非課税措置の見直しが行われている。

祖父母や親から孫や子らへの一括贈与で贈与税が非課税となる措置は，教育資金（1500 万円まで非課税）を 3 年，結婚・子育て資金（1000 万円まで非課税）を 2 年延長した。

この改正について，片桐（2023）は次のような問題点を指摘している[25)]。

「「これらの制度は富裕層の利用が多く，政府税制調査会の専門家会合では「世代を超えた格差の固定化につながりかねない。」との指摘があり，これらの非課税制度を「廃止する方向で検討することが適当」とする意見を公表している。元来，高齢者の資産を若い世代に移す経済対策として導入されたが，利用は低迷している。」

25） 片桐（2023），17 頁。

4-4　2023年度税制改正における，贈与税の2種類の課税方式の見直し

これまでの贈与税の課税方式には，暦年課税と相続時精算課税の2方式があり，いずれかを選択しなければならない。2023年度改正ではこの2方式のルールが見直された。見直しを行う理由は，贈与税の税率は，相続税より高くして相続税の節税に使われるのを防ごうとしているが，税率差が高齢者から若年者への資産移転を防げないように，相続と贈与の一体化をこれまでより一層進めるためである。

暦年課税は，早期の生前贈与を促すため，年間110万円まで贈与が基礎控除額として非課税となっており，この残高に応じて10～55%の累進税率をかける仕組みになっている。そして，相続税の節約のために駆け込みで生前贈与することを防ぐために，贈与者が死亡する直前の3年間については，贈与税を相続財産に加算して課税することになっている。2023年度改正では，生前贈与と相続で税負担ができるだけ変わらないようにするために，この期間を2024年から7年に延ばした。移転の時期に中立な税制とする，つまり生前贈与か死亡後相続かによらずに税負担が変わりにくくするには延長が妥当である。ただし，贈与税を相続税に加算して課税する際に，延長された4年間に贈与により取得した財産の価額については，総額100万円まで加算されない。

他方，相続時精算課税は，贈与時に累積贈与額2500万円までは非課税で，2500万円を超えた贈与分に一律20%の贈与税を課税するが，相続時には累積贈与額を相続財産に加算して相続税を課税する。納付済みの贈与税は税額控除・還付される。なお，年間110万円以内の財産取得に関しては，贈与税・相続税ともに非課税で申告不要とした。

2023年度改正において，暦年課税と相続時精算課税の選択制は維持しつつも，それぞれにルール変更が加えられた結果，暦年課税を選ぶ人は税負担増，相続時精算課税を選ぶ人は税負担減となると予想される。

おわりに

以上，第2次安倍政権から菅政権を経て岸田政権に至る約10年余りの期間

の毎年度の税制改正の主な改正事項を検討してきたが，2012 年抜本税制改革法が第七条で政府に指示した，個別税制の検討課題について，いずれかの年度の税制改正で対応措置は講じられているものの，筆者が問題点として指摘した事柄からして，また，税制の財源調達機能や所得再分配機能の強化という重要な視点に照らしてみて，全体として不十分で問題を多く残した個別税制改正となっている。それだけに，今後の税制改革に向けて残している課題も多く，改めて抜本的な税制改革が必要な段階にきていると思われる。最後に，税制改革の今後の方向性について考えておこう。

政府税制調査会は，2023 年 6 月に政府に提出した答申「我が国の現状と課題―令和時代の構造変化と税制のあり方―」において，経済社会の構造変化を踏まえた「あるべき税制」の構築に向けた主要税目の見直しの大きな方向性や課題について述べている。以下では，それを参考に，本章で検討した主要税目の改正実態と問題点を踏まえて，今後の見直しの大きな方向性や課題について考えておきたい。

(1) 税制調査会（2023）は，個人所得課税の見直しの方向性について，次のように述べている[26)]。「所得の稼得段階で累進的に課税を行い，所得に応じて公的サービスの財源調達機能と所得再分配機能を適切に発揮していくことが重要です。このため，人口減少・少子高齢化問題の進展，働き方や所得の稼得手段の多様化，家族のあり方を含め，納税者利便や税務執行の効率性にも留意しながら，バランスの取れた体系となるよう必要な見直しを検討していく必要があります。」

こうした大きな見直しの方向性を受けて，近年働き方など個人のライフコースの選択的に中立的な税制の構築と所得再分配機能の向上の観点から，各種所得控除の見直しが行われたとされ，また所得再分配機能の適切な発揮の観点から，「1 億円の壁」問題に対し，「きわめて高い水準の所得に対する負担の適正化措置」の導入が行われる一方，NISA の非課税枠拡大のような優遇税制も併

26）　税制調査会（2023），87 頁。

せて実施されている。

今後もこのような税制改正を続けるとするならば，諸控除の見直しや分離課税，非課税制度が所得再分配の観点からどの所得階層に負担増となり，また負担減となるのか，また財源調達機能にどのような影響を及ぼすのか推計した予測データを裏付けにして，政府は税制改正の提案をしてもらいたい。

（2）税制調査会（2023）は，法人課税の見直しの方向性について次のように述べている[27)]。

「企業活動が我が国経済において大きな比重を占める中で，個人所得課税，消費課税とともに基幹税として，政府の安定的な財源としての役割を果たすことが求められています。これまで「成長志向の法人税改革」等，社会情勢に合わせた対応を行ってきましたが，期待された成果につながるものであったのか，今後，客観的・実証的な検証が求められます。なお，法人実効税率の国際的な引下げ競争は，世界的な最低税率導入の合意を受けて，一定の歯止めがかかったものとなっています。また，公平・中立といった租税原則の例外である租税特別措置等については，その必要性・有効性について，EBPM の観点も踏まえた不断の効果検証を行い，真に必要なものに限定する必要があります。」

この政府税調の法人課税の見直しの方向性は，基本的に正しいと考える。確かに，安倍政権下において成長志向の法人税改革として「稼ぐ力」のある企業等の税負担を軽減することで，企業に対して積極的な設備投資や賃上げを促すための税制を用意する一方，国際的企業間競争で我が国が不利にならないように法人実効税率を引き下げた。その結果，国と地方を合わせた法人実効税率は，2015 年改正前では 34.2%であったが，2023 年現在 29.74%となっており，ドイツの 29.93%よりも若干低いくらいの程度にまで下がっている。この税率引下げは，「課税ベースを拡大しつつ税率を引き下げる」という方針の下に行われたので，欠損金繰越控除制度の見直し，受取配当等益金不算入制度の見直し，法人事業税外形標準課税の拡大，租税特別措置の見直し，減価償却の見直し等

27）　税制調査会（2023），88 頁。

が行われている。

ここでさらに法人課税の見直しをするとするならば，政府税調の指摘する見直しの方向は基本的に正しいと考える。法人実効税率の引下げは，国際的に法人実効税率の引下げ競争に歯止めがかかってきているので，その必要はない。法人実効税率引下げ競争に歯止めがかかってきた背景には，各国における法人税収の喪失問題と財政赤字拡大問題があり，コロナパンデミック下でそれが一段と深刻になっている。今は，法人課税の財源調達機能を回復させることが非常に重要になってきている。この点からすると，税率は現状を維持しつつ課税ベースの拡大に目を向けることが必要になる。2015 年度，2016 年度税制改正で法人実効税率を引き下げた際に，上述のように課税ベースの見直しを行っているが，まだまだ不十分である。

政府税調の指摘で特に注目されるのは，「「成長志向の法人税改革」等，社会情勢に合わせた対応を行ってきましたが，期待された成果につながるものであったのか，今後，客観的・実証的な検証が求められます」と述べている点である。実際，これまでの自公政権下で成長志向の法人税改革の一環として，設備投資や賃上げの促進のための非課税制度が増設，拡充されてきているが，期待された程の実績を上げて来なかったのが実態で，政府税調もそれが分かっていてあえて，客観的・実証的な検証が求められていると言っているのであろう。本当は，成長促進のため新たな非課税制度を創設する場合や既存の非課税制度の拡充を図る場合には，その時点で今後そのような成果が期待できるのか将来を予測した推計データを公表する必要がある。つまり，将来の成果見通しも分からずに期待だけで非課税制度の創設や拡充を提案するのは止めるべきである。租税特別措置の見直しについて，これまでの取組みだけでは不十分で，EBPM（エビデンスに基づく政策）の観点を踏まえた不断の効果検証を行い，真に必要なものに限定するのは当然のことである。

(3) 税制調査会（2023）は，消費税の見直しの方向性について次のように述べている[28)]。

「日本の社会保障制度においては，社会保険が基本であり，それを賄う財源は，原則社会保険料となりますが，それを補完する財源としては，特定の世代に偏らず幅広い国民が負担を分かち合うことができ，税収の変動が少ない消費税がふさわしいものと言えます。更なる増加が見込まれる社会保障給付を安定的に支える観点からも，消費税が果す役割は重要です。」

2012年に民主党政権下において，社会保障と税の一体改革に向けた取組みの重要な柱として，税制抜本改革法が成立し，それに基づき安倍政権～岸田政権にかけて，2014年4月に消費税率8%への引上げ，2019年10月に10%の引上げと8%の軽減税率の導入，さらに2023年10月からインボイス制度の施行を実施している。したがって，政府税制調査会としては税制抜本改革法に基づく消費税の一連の改革に目途がついたので，現時点で消費税について上述のような原則的なことしか言えないのかも知れない。しかし，そもそも社会保障と税の一体改革とは，社会保障改革を実現し，社会保障の安定財源確保と財政健全化を同時に達成できるようにするために，消費税を社会保障財源化し，税率を段階的に引き上げることではなかったのか。しかるに，消費税率を税制抜本改革法に基づいて10%に引き上げても，わが国の社会保障費を十分賄えない状態になっており，人口減少・少子高齢化が進む中，社会保険ではカバーできない社会保障の需要や政策要求が拡大してきている状況に鑑みれば，そして社会保障制度の持続可能性を高めていくことが重要だという認識があるならば，消費税は社会保障の主財源たる社会保険料の補完財源だという原則論を唱えるだけでなく，もう少し社会保障費の社会保険料でカバーできない部分の将来見通しと関連付けて，消費税の将来見通しとその改革の方向性を具体的に示す必要があるのではないか。それがまた，財政の健全化の見通しにも資することになるのではないか。

（4）税制調査会（2023）は，資産課税の見直しの方向性について，次のように述べている[29]。

28）　税制調査会（2023），87-88頁。
29）　税制調査会（2023），87頁。

「相続税・贈与税では，近年の税制改正で，課税ベースの拡大を含む税率構造の見直しや，資産移転の時期の選択により中立的な税制の構築が行われてきました。これらの改正の影響を見極めつつ，経済のストック化の進展や老後扶養の社会化などの経済社会の構造変化や税制全体を通じた再分配機能が適切に確保されているかといった観点を踏まえ，引き続き，相続税・贈与税のあり方を考えていく必要があります。」

資産課税の見直しについては，検討課題が2つある。1つは，資産移転の時期の選択に中立的な税制の確立である。もう1つは，資産の早期移転を図るための各種の贈与税非課税制度導入に伴う格差固定化問題の取組みである。

税制調査会（2023）は，2つの課題の取組みの方向性に関し前者については132-135頁で，後者については137-138頁でやや詳しく言及しているが，検討課題の取組みの方向性としては，税制調査会（2019）の主張の方が明快であり，首肯できるところである。

税制調査会（2019）は，2つの課題について，次のように述べている[30]。

「諸外国の例（アメリカ，フランス，ドイツの事例―片桐）を参考にしつつ，相続税と贈与税をより一体的に捉えて課税する観点から，現行の相続時精算課税制度と暦年課税制度のあり方を見直し，格差の固定化を防止しつつ，資産移転の時期の選択に中立的な税制を構築する方向で，検討を進める必要がある。

他方，資産の早期移転による消費拡大を通じた経済の活性化を図るための時限措置として，各種の贈与税非課税措置が設けられているが，限度内の範囲内では家族内における資産の移転に対して何らの税負担も求めない制度となっており，格差の固定化につながりかねない側面がある。機会の平等の確保の観点などを踏まえ，資産移転の時期の選択に中立的な税制を構築していくこととあわせて，これら各種の非課税措置のあり方についても検討していく必要がある。」

30） 税制調査会（2019），13頁。

参考文献

伊田賢司（2013）「法人課税の現状と課題」『立法と調査』No. 346，11月。
伊田賢司（2016）「中小企業をめぐる税制の現状と課題」『立法と調査』No. 381，10月。
伊田賢司（2019）「平成31年度税制改正と消費税の諸課題―社会保障・税一体改革の行方を占う「平成」最後の税制改正―」『立法と調査』No. 409，2月。
伊藤司（2023）「令和5年度税制改正の概要―「新しい資本主義」の実現に向けた税制改正―」『立法と調査』No. 453，2月8日。
小野真穂（2024）「令和6年度税制改正の概要―デフレ完全脱却に向けた税制改正―」『立法と調査』No. 463，2月7日。
片桐正俊（2013）「成長優先，消費増税地均し型の2013年度税制改正」『生活経済政策』第194号，生活経済政策研究所，3月。
片桐正俊（2014）「家計圧迫，企業優遇型の2014年度税制改正」『生活経済政策』第205号，生活経済政策研究所，2月。
片桐正俊（2015）「アベノミクス推進のための成長最優先の2015年度税制改正」『生活経済政策』第218号，生活経済政策研究所，3月。
片桐正俊（2016）「成長再加速狙いと参院選睨みの2016年度税制改正」『生活経済政策』第229号，生活経済政策研究所，2月。
片桐正俊（2017）「所得税抜本改革先送りの2017年度小粒税制改正」『生活経済政策』第241号，生活経済政策研究所，2月。
片桐正俊（2018）「個人向け増税の目立つ2018年度税制改正」『生活経済政策』第253号，生活経済政策研究所，2月。
片桐正俊（2019）「消費増税対策の車・住宅減税に偏重の2019年度税制改正」『生活経済政策』第265号，生活経済政策研究所，2月。
片桐正俊（2020）「成長力強化重視の2020年度税制改正」『生活経済政策』第277号，生活経済政策研究所，2月。
片桐正俊（2021）「景気対策・成長戦略減税一色の2021年度税制改正」『生活経済政策』第289号，生活経済政策研究所，2月。
片桐正俊（2022）「賃上げ促進税制と住宅ローン減税が目玉の2022年度税制改正」『生活経済政策』第301号，生活経済政策研究所，2月。
片桐正俊（2023）「NISA拡充・恒久化が目玉の23年度税制改正と防衛財源確保のための税制措置」『生活経済政策』第313号，生活経済政策研究所，2月。
片桐正俊（2024）「定額減税と賃上げ促進税制が柱の24年度税制改正」『生活経済政策』第325号，生活経済政策研究所，2月。
金子隆昭（2012）「税制抜本改革の実現を目指す税制改正～平成24年度における税制改正案の概要～」『立法と調査』No. 325，2月。
鎌田素史・伊藤司（2022）「令和4年度税制改正の概要―成長と分配の好循環に向けた税制改正―」『立法と調査』No. 442，2月4日。
財務省（2013-2024）『税制改正の大綱』。
佐々木誠・木原健史（2017）「所得税法（配偶者控除及び配偶者特別控除の見直し）

の改正」財務省『税制改正の解説　平成 29 年度版』。
税制調査会（2007）『抜本的な税制改革に向けた基本的な考え方』，11 月。
税制調査会（2015）『経済社会の構造変化を踏まえた税制のあり方に関する論点整理』，11 月。
税制調査会（2019）『経済社会の構造変化を踏まえた令和時代の税制のあり方』，9 月。
税制調査会（2023）『わが国税制の現状と課題―令和時代の構造変化と税制のあり方―』，6 月。
高木夏子（2018）「平成 30 年度税制改正の概要―個人所得税改革における諸控除の見直しの課題―」『立法と調査』No. 397，2 月。
高木夏子（2020）「令和 2 年度税制改正の概要―投資の促進に向けた税制措置と税制改革の諸課題―」『立法と調査』No. 420，2 月。
高見富二男（2014）「平成 26 年度税制改正の概要―デフレ脱却・経済再生の実現と税制抜本改革の着実な実施―」『立法と調査』No. 349，2 月。
高見富二男（2015）「法人実効税率の引下げを始めとする税制改革の諸課題―平成 27 年度税制改正の概要―」『立法と調査』No. 362，3 月。
竹前希美（2024）「令和 6 年度税制改正案の概要」『国立国会図書館　調査と情報』No. 1254，1 月 30 日。
田村なつみ（2022）「賃上げ税制の効果をめぐる論点整理」『国立国会図書館　調査と情報』No. 1192，5 月 31 日。
寺崎寛之編著（2021）『図説　日本の税制（令和 4 年度版）』財経詳報社，4 月。
西槇亮（2013）「税制抜本改革の諸課題と経済活性化に向けた税制措置―平成 25 年度税制改正の概要―」『立法と調査』No. 338，3 月。
日本経済新聞（2024）「国際課税ルールに企業の不満　税金増えず，対応重く」1 月 29 日付け朝刊 21 面。
日本労働組合総連合会（連合）（2019）『連合「税制改革構想（第 4 次)』，6 月。
三浦啓（2022）「近年の所得改革と残された課題」『国立国会図書館　調査と情報』No. 1190，4 月 12 日。
皆川純子（2021）「令和 3 年度税制改正の概要―ポスト・コロナに向けた経済構造の転換に向けて―」『立法と調査』No. 431，2 月 5 日。
村田和彦（2017）「平成 29 年度税制改正の概要―配偶者控除の見直し，ビール系飲料の税率統一」『立法と調査』No. 385，2 月。
渡邊将史（2016）「軽減税率制度を始めとする税制改革の諸課題―平成 28 年度税制改正の概要―」『立法と調査』No. 374，2 月。

第 2 章

現代日本の所得税収の回復と実態

――2010年代の動向を中心に――

関 野 満 夫

はじめに

バブル経済の崩壊した1990年代以降，日本の国家財政（一般会計）は毎年度国債依存度30〜40%という危機的な財政運営を続け，コロナ禍前の2019年度末でも国債残高は887億円（名目GDP比159%）に達していた[1)]。その要因は言うまでもなく，一方で社会保障関係費を中心にした一般会計歳出は持続的に増加しているのに対して，他方での国税収入は長期のデフレ状態や，所得税・法人税の税率引き下げ（所得税最高税率：1884年度70%，2007年度40%，法人税率：1988年度42%，2018年度23.2%[2)]）などで停滞状況にあったからである。

そうした中で，その国税収入も2010年代に入ると，消費税率の引き上げや所得税収の回復傾向によって，増加傾向を示していることも事実である。消費税率引き上げによって消費税収が増加してきたのはある意味では当然の結果である。しかし，国民の一般的認識ではデフレ状態から十分に脱却できていないと思えるのに，所得税収が回復してきたのはいかなる要因によるものであろうか。ちなみに，内閣府（2022）『経済財政白書』令和4年版では2010年代の所

1）『経済財政白書』令和4年版，365頁。
2）『図説　日本の税制』令和2-3年度版，参照。

得税収について，① 家計所得の伸びとともに税収が増加してきていること，② PB（プライマリー・バランス）改善要因の一つとして「配当所得・キャピタルゲインの増加に伴って所得税関係税収が名目 GDP 成長率を大きく上回って増加したことなどが背景にあると考えられる」，という指摘がある[3)]。とはいえそこでは所得税収の全体的状況や負担構造とくに，所得税収の大半を占める給与所得税の動向については十分に分析されてはいない。今後とも所得税を日本の重要な基幹税として位置づけ活用するためには，所得税の税収および負担状況についてより正確に把握しておく必要があろう。そこで本章では，2010 年代における所得税収の回復傾向とその実態について国税庁資料に基づいてやや詳しく検討してみよう。具体的には，① 2010 年代の所得税収はいかなる所得種類の増加によって支えられているのか，② 所得階級別にみた所得と負担状況はどうなっているのか，③ 所得税の重要な役割である応能負担や累進的負担は実現されているのか，という点に注目していく。利用する主な資料は，国税庁の「国税庁統計年報」，「申告所得税標本調査」，「民間給与実態統計調査」である。それでは以下，第 1 節では，所得税収入の回復，第 2 節では，源泉所得税の動向，第 3 節では，申告所得者の所得税の動向，という順で検討していこう。

1. 所得税収入の回復

まず 2010 年代における所得税収入の回復を国税収入全体の動向の中で確認しておこう。

表 2-1 は 2010～2020 年度の国税収入（一般会計分）の推移をみたものである。同表によれば次のことがわかる。第 1 に，国税収入総額の規模は 2010 年度の 41.5 兆円から持続的に上昇し 2020 年度には 60.8 兆円へと 19.3 兆円も増加している。60 兆円という税収規模はバブル経済期の 1990 年度の水準に匹敵している。そしてその国税収入の中心は従来から所得税，法人税，消費税である。

第 2 に，なかでもこの間，最も増加したのは消費税であった。消費税は 10.0

3）『経済財政白書』令和 4 年版，83–84，92–93 頁，参照。

兆円から 21.0 兆円へと 11.0 兆円も増加し，国税収入全体に占める割合も 24% から 34% に上昇している。もちろんこの要因としては，この間の消費税率の引き上げが大きい。つまり消費税率は従来の 5%（うち国税分 4%）から 2014 年 4 月より 8%（同 6.3%）に，さらに 2019 年 10 月より標準税率 10%（同 7.8%），軽減税率 8%（同 6.24%）に増税されている。

第 3 に，消費税に次ぐ増収を示したのは所得税であった。所得税も 13.0 兆円から 19.2 兆円へと 6.2 兆円も増加した。バブル経済期（1990 年度）の 26.0 兆円には及ばないものの，その増収には注目すべきものがある。所得税の国税収入全体での割合は両年度とも 31% であり，消費税と並ぶ基幹税としての位置を占めている。

第 4 に，所得税と同じ所得課税である法人税は 9.0 兆円から 11.2 兆円へと 2.2 兆円の増加であるが，国税収入での割合は 22% から 18% にやや低下している。

以上のことから，明確な増税（5%→ 10%）がなされた消費税にはやや及ばないものの，所得税が 2010 年代において相当な税収増加ないし税収回復を果たしてきたことは確認できよう。それではこの間の所得税の増収は，どのような内容を持ち，いかなる要因によっているのであろうか。所得税収入の詳しい分

表 2-1　国税収入（一般会計分）の推移

（兆円）

年度	所得税	法人税	相続税	消費税	酒税	たばこ税	揮発油税	合計
1990	26.0	18.4	1.9	4.6	1.9	1.0	1.5	60.1
2010	13.0	9.0	1.3	10.0	1.4	0.9	2.8	41.5
2011	13.5	9.4	1.5	10.2	1.3	1.0	2.6	42.8
2012	14.0	9.8	1.5	10.4	1.4	1.0	2.6	43.9
2013	15.5	10.5	1.6	10.8	1.3	1.0	2.6	47.0
2014	16.8	11.0	1.9	16.0	1.4	0.9	2.5	54.0
2015	17.8	10.8	2.0	17.4	1.3	1.0	2.5	56.3
2016	17.6	10.3	2.1	17.2	1.3	0.9	2.4	55.5
2017	18.9	12.0	2.3	17.5	1.3	0.9	2.4	58.8
2018	19.9	12.3	2.3	17.7	1.2	0.9	2.3	60.4
2019	19.2	10.8	2.3	18.4	1.2	0.9	2.3	58.4
2020	19.2	11.2	2.3	21.0	1.1	0.8	2.1	60.8

（注）合計にはその他の税も含む。
（出所）「国税庁統計年報書」令和 2 年度。

析は続く第2節（源泉所得税）と第3節（申告所得者の所得税）で行うことにして，ここでは所得税増収の推移をマクロ経済の動向と関連させて概観してみよう。

表2-2は2010～2020年度における所得税収（源泉所得税，申告所得税）の推移と国民経済計算での家計所得（賃金・俸給＋財産所得）の推移を示したものである。所得税は個人所得を課税対象にしており，マクロベースでみた場合にはその税収には家計所得の動向が最も大きな影響を与えることになる。さて表

表2-2　所得税収と家計所得の推移

（兆円）

年度	源泉所得税	申告所得税	所得税合計	同指数	家計所得	同指数
2010	10.7	2.3	13.0	100	239.5	100
2011	11.0	2.5	13.5	104	240.1	100
2012	11.5	2.5	14.0	108	236.7	99
2013	12.7	2.8	15.5	120	241.6	101
2014	14.0	2.8	16.8	129	245.5	103
2015	14.8	3.0	17.8	137	249.0	104
2016	14.5	3.1	17.6	136	253.1	106
2017	15.6	3.3	18.9	145	258.3	108
2018	16.6	3.3	19.9	153	266.3	111
2019	15.9	3.2	19.8	152	269.8	113
2020	16.0	3.2	19.2	148	266.7	111

（出所）「国税庁統計年報書」令和2年度，「国民経済計算」。

表2-3　家計所得の推移

（兆円）

年度	家計所得	賃金・俸給	財産所得	利子所得	配当所得	その他投資所得	賃貸料
2010	239.5	216.1	23.4	6.8	3.1	10.7	2.6
2011	240.1	215.9	24.2	7.1	3.7	10.7	2.7
2012	236.7	214.8	21.9	3.7	6.9	11.5	2.8
2013	241.6	216.5	25.1	3.1	7.4	12.1	2.8
2014	245.5	219.9	25.6	2.2	8.8	11.8	2.8
2015	249.0	222.3	26.7	3.7	9.1	11.1	2.8
2016	253.1	227.4	25.7	4.0	8.3	10.3	3.1
2017	258.3	231.9	26.4	4.3	8.5	10.3	3.2
2018	266.3	239.5	26.8	4.7	8.5	10.4	3.2
2019	269.8	244.2	25.6	6.6	5.9	9.9	3.1
2020	266.7	240.0	26.7	6.2	7.1	9.9	3.4

（出所）「国民経済計算」。

2-2によれば，マクロの家計所得は2010年度239兆円（100），2015年度249兆円（104），2020年度267兆円（111）と，この間1.1倍の伸びであるのに対して，所得税収は2010年度13.0兆円（100），2015年度17.8兆円（137），2020年度19.2兆円（148）と，1.5倍の伸びになっている。つまり2010年代においては，所得税は家計所得の伸び以上にその税収を伸長させていたのである。なお，2010～2020年度における家計所得の構成は表2-3のとおりである。賃金・俸給が210～240兆円で約9割を占め，財産所得が20兆円台で残り1割を占めていた。財産所得の中では配当所得が2010年度の3兆円から2010年代後半には7～9兆円に増加しているのが目につく。

次に，表2-4で所得税（国税）と住民税（地方税）を合計した個人所得税の税収と名目GDPの推移を比較してみよう。個人所得税は2010年度24.5兆円から2020年度32.6兆円へと，名目GDPの伸びと並行して増加している。しかし，対前年度比でみるとほとんどの年度で個人所得税の伸びの方が，名目GDPの伸びよりも大きい。そして名目GDPに対する個人所得税の比率も2010年度4.9％から持続的に上昇して2020年度には6.1％になっている[4)]。つまり，2010

表2-4　個人所得税と名目GDPの推移

（兆円）

年度	所得税	個人住民税	小計（A）	対前年度比（％）	名目GDP（B）	対前年度比（％）	A/B（％）
2010	13.0	11.5	24.5	—	504.8	—	4.9
2011	13.5	11.3	24.8	+1.2	500.0	−1.0	5.0
2012	14.0	11.7	25.7	+3.6	499.4	−0.1	5.1
2013	15.5	12.1	27.6	+7.4	512.6	+2.6	5.4
2014	16.8	12.3	29.1	+5.4	523.4	+2.1	5.6
2015	17.8	12.5	30.3	+4.1	540.7	+3.3	5.6
2016	17.6	12.5	30.1	−0.7	544.8	+0.7	5.5
2017	18.9	12.8	31.7	+5.3	555.7	+2.0	5.7
2018	19.9	12.9	32.8	+3.4	556.3	+0.1	5.9
2019	19.2	13.1	32.3	−1.3	557.3	+0.1	5.8
2020	19.2	13.4	32.6	+0.9	535.5	−0.4	6.1

（出所）財務省「説明資料〔個人所得課税〕」，「国民経済計算」より作成。

4)　なお，2020年時点での各国の個人所得税のGDP比は，アメリカ9.5％，イギリス9.0％，ドイツ9.6％，フランス12.6％，スウェーデン11.2％等であり，日本の6.1％という水準は先進諸国の中ではいまだに低い方である（OECD, *Revenue Statistics*）。

年代において個人所得税は，国内の実体経済活動（付加価値生産額）のテンポを上回ってその税収規模を拡大させてきたことを確認できよう。

このように，所得税や個人所得税（所得税＋住民税）の収入が家計所得や名目GDPの伸び以上に成長しているのは基本的には，所得税の多くが累進税率で課税されていること，家計所得や名目GDPに含まれないキャピタルゲイン所得（株式・不動産の譲渡益）も課税対象になっていること，などがその要因として考えられよう。その具体的状況については次節以降でみていくことにしよう。

さて以下では，所得税収入の動向を源泉所得税（第2節）と申告所得者の所得税（第3節）に分けて分析するが，そうした作業の前提として現代日本の所得税制のしくみについて簡単に確認しておこう。個人の所得として課税されるのは，利子所得，配当所得，事業所得，不動産所得，給与所得，退職所得，譲渡所得（不動産，株式の譲渡益など），山林所得，一時所得，雑所得（年金など）の10種類の所得である。これらの所得を合算し基礎控除，配偶者控除，給与所得控除など各種控除を差し引いた金額に超過累進税率（2015年度以降：5，10，20，23，33，40，45%）を課して税額算定するという総合課税が原則である。しかし実際には，利子，配当，譲渡益などは比例税率（20%：所得税15%，住民税5%）で分離課税されている。現代日本の所得税では，給与所得，配当所得など源泉徴収されている税額が大半であるが（表2-2参照），一方で事業所得，不動産所得，譲渡所得，2,000万円超の給与収入などでは申告納税も行われている[5)]。

2. 源泉所得税の動向

2-1　源泉徴収税額の状況

表2-5は2010～2020年度において所得税のうち源泉徴収された税額およびその内容の推移を示している。源泉徴収所得税額は2010年度12.4兆円から2020年度18.8兆円へと6.4兆円増加（51%増）している。その中心は給与所得

5）現代日本の所得税制の詳細については，『図説　日本の税制』令和2-3年度版，参照。

表 2-5　源泉徴収税額（所得税）の課税状況

（兆円）

年度	利子所得	配当所得	株式譲渡所得	給与所得	退職所得	報酬・料金等	非居住者所得	計
2010	0.5	1.6	0.0	8.5	0.2	1.1	0.2	12.4
2011	0.4	1.6	0.0	9.0	0.2	1.1	0.2	12.8
2012	0.4	1.8	0.0	8.9	0.2	1.1	0.2	12.9
2013	0.4	2.5	0.5	9.3	0.2	1.1	0.3	14.6
2014	0.4	3.8	0.4	9.7	0.2	1.1	0.4	16.4
2015	0.4	4.5	0.5	10.1	0.2	1.1	0.6	17.8
2016	0.3	3.7	0.2	10.3	0.2	1.2	0.5	16.7
2017	0.3	4.2	0.5	10.7	0.2	1.2	0.6	18.0
2018	0.3	4.5	0.3	11.1	0.2	1.2	0.6	18.6
2019	0.3	5.2	0.3	11.3	0.2	1.2	0.7	19.4
2020	0.2	4.8	0.5	11.2	0.2	1.1	0.6	18.8

（出所）「国税庁統計年報書」令和 2 年度。

であり各年度で全体の 6～7 割を占め，また税額も 8.5 兆円から 11.2 兆円へと 2.7 兆円の増加（32％増）であった。また配当所得の税額はそれ以上に顕著に増加している。つまり，1.6 兆円から 4.8 兆円へと 3.2 兆円も増加しているのである。そこでここでは，源泉所得税の増収の中心的役割を果たしている給与所得と配当所得への所得税課税の状況を詳しくみていこう。

なお，表 2-5 での源泉徴収税額は表 2-2 でみた源泉所得税よりも各年度 2～3 兆円多くなっている。これは前者には申告所得者の源泉徴収税額も含まれているからである（後掲表 2-13 参照）。

2-2　民間給与所得者の所得税

所得税での給与所得とは，企業・団体の従業員や公務員の賃金・俸給，賞与など被雇用者の稼得所得であり，所得税の課税ベースとしては最も大きな部分である。ここでは国税庁の「民間給与実態統計調査」を利用して給与所得の所得構造と課税状況を確認してみよう。同資料には公務員の給与と所得税は含まれていないが，給与所得の大半は民間企業・事業所の従業員・役員の給与であるので，大きな問題はないであろう。

さて，表 2-6 は 2010～2020 年度における，1 年を通じて勤務した民間給与

表2-6　1年を通じて勤務した民間給与所得者数，給与総額，税額

区分	給与所得者数（万人）	うち納税者（万人）	給与総額（兆円）	うち納税者（兆円）(A)	税額（兆円）(B)	B/A（%）
2010年分	4,552	3,755	187.5	170.0	7.2	4.3
2015年分	4,794	4,051	201.5	187.9	8.8	4.7
2020年分	5,245	4,452	227.2	211.3	10.7	5.1

（出所）「民間給与実態統計調査」令和2年分より作成。

所得者の所得者数，所得額，所得税額の推移を示したものである。ここからは次の3点を指摘できよう。まず第1に，給与所得数は2010年度4,552万人から2020年度5,245万人へと700万人弱増加している。そのうちの納税者数も同様に約700万人増加している。つまり，2010年代は被雇用者（非正規も含む）が相当に増加したのである。

第2に，給与総額は2010年度187兆円から2020年度227兆円へと40兆円増加している。納税者だけをみれば給与総額は41兆円増で1.24倍の増加である。

第3に，給与所得者の所得税額も2010年度の7.2兆円から2020年度の10.7兆円へと3.5兆円増え，1.48倍の増加である。また納税者の給与総額に対する所得税額の割合（負担率）も2010年度4.3%から2020年度5.1%へと若干ながら上昇している。

2010年代において民間給与所得者数，給与所得額，所得税額がそれぞれ増加したことは確認できた。それでは所得階級別にみると，これらはどのように変化したのであろうか。表2-7と表2-8を使って2010年度と2020年度の所得階級別にみた状況を比較してみよう。なおここでは一応，給与所得800万円超を高所得層，800万円未満を低中所得層としておく。

表2-7，表2-8をみると，まず高所得層の成長が顕著であることがわかる。具体的には次のとおりである。① 800万円超の給与所得者数は365万人から481万人へと1.32倍に増加し，給与所得者総数の8.0%から9.2%に上昇している。② その給与所得額も42.7兆円から57.7兆円へと1.35倍に増加し，給与所得総額に占める割合も22.8%から25.3%へと2.5ポイント上昇している。③ さ

表 2-7　民間給与所得者の給与階級別の所得者数，給与総額，税額（2010 年分）

所得階級	給与所得者数		給与総額		税額	
（万円）	千人	%	百億円	%	百億円	%
～ 800	41,869	92.0	14,477	77.2	288	39.8
800 ～ 1,000	1,901	4.1	1,684	8.9	87	12.0
1,000 ～ 1,500	1,294	2.8	1,528	8.2	131	18.1
1,500 ～ 2,000	276	0.6	476	2.5	70	9.8
2,000 ～ 2,500	82	0.2	189	1.0	37	5.1
2,500 ～	98	0.2	397	2.1	109	15.2
小計	3,651	8.0	4,277	22.8	436	60.2
合計	45,520	100.0	18,754	100.0	724	100.0

（出所）「民間給与実態統計調査」平成 22 年分より作成。

表 2-8　民間給与所得者の給与階級別の所得者数，給与総額，税額（2020 年分）

所得階級	給与所得者数		給与総額		税額	
（万円）	千人	%	百億円	%	百億円	%
～ 800	47,635	90.8	16,986	74.7	382	35.7
800 ～ 1,000	2,405	4.6	2,133	9.4	120	11.4
1,000 ～ 1,500	1,753	3.4	2,075	9.1	201	18.8
1,500 ～ 2,000	384	0.7	665	2.9	110	10.3
2,000 ～ 2,500	124	0.2	280	1.2	59	5.6
2,500 ～	145	0.3	624	2.7	194	18.2
小計	4,811	9.2	5,779	25.3	688	64.3
合計	52,446	100.0	22,715	100.0	1,071	100.0

（出所）「民間給与実態統計調査」令和 2 年分より作成。

らに，その税額では 4.3 兆円から 6.8 兆円へと 1.58 倍に増加し，税額に占める割合も 60.2%から 64.3%へと 4.1 ポイントも上昇している。④なかでも，給与所得者の上位 3～4%である 1,000 万円超層をみると，給与総額に占める割合では 13.9%から 15.9%へと 2.0 ポイント上昇し，税額総額に占める割合では 48.2%から 52.9%へと 4.7 ポイント上昇しており，その成長がより大きかったことがわかる。⑤給与所得者数の 9 割を占める 800 万円未満の低中所得層もこの 10 年間では，給与所得者数で 1.14 倍，給与総額で 1.17 倍，税額で 1.32 倍へと増加しているが，その成長テンポは高所得層より低かった。

以上のことから，2010 年代における民間給与所得者の所得総額および所得税額の増加とは，とくに高所得層の所得増大によるところが大きかったことがわかる。これは別の見方をすれば，民間給与所得者の中での所得格差拡大を反

表 2-9　業種別の給与水準の動向

	平均給与（万円）		給与 800 万円超の割合（%）	
	2010 年	2020 年	2010 年	2020 年
全業種平均	412（1.00）	433（1.00）	8.0	9.2
電気・ガス・水道業	696（1.69）	715（1.65）	35.3	33.7
金融業・保険業	589（1.43）	630（1.45）	21.9	25.0
情報通信業	564（1.37）	611（1.41）	16.3	20.8
建設業	441（1.07）	509（1.18）	10.0	13.0
製造業	459（1.11）	501（1.16）	7.6	12.8

（注）2020 年分の平均給与水準において上位 5 業種をとりあげた。
（出所）「民間給与実態統計調査」平成 22 年分，令和 2 年分より作成。

映しているともいえよう。参考までに民間給与所得者の業種別の給与水準を表 2-9 で確認してみよう。表 2-9 では平均給与水準上位 5 業種をあげているが，電気・ガス・水道業，金融業・保険業，情報通信業の 3 業種の平均給与水準がとくに高く，給与 800 万円超の割合も高いことがわかる。建設業，製造業は上位 3 業種に比べるとやや低いが，それでも全業種平均を超え，給与 800 万円超の割合も増やしている。民間給与所得者の所得格差にはこのような業種間格差も反映しているのである。

それでは，民間給与所得者の所得階級別の所得税負担率はどのようになっているであろうか。表 2-10 は 2010 年度と 2020 年度の民間給与所得者のうち，納税者の給与総額と税額を所得階級別にみたものである。給与総額に対する税

表 2-10　民間給与所得者（納税者）の給与階級別の所得総額，税額

区分	給与総額（億円）		税額（億円）		負担率（%）	
（万円）	2010 年	2020 年	2010 年	2020 年	2010 年	2020 年
200 ～ 300	183,293	193,170	3,159	3,339	1.7	1.7
400 ～ 500	261,909	316,733	5,438	7,141	2.1	2.3
700 ～ 800	126,091	167,570	4,637	6,847	3.7	4.1
900 ～ 1,000	69,974	90,140	4,035	5,766	5.8	6.4
1,000 ～ 1,500	152,885	207,472	13,141	20,198	8.6	9.7
1,500 ～ 2,000	47,631	66,543	7,072	11,056	14.8	16.6
2,000 ～ 2,500	18,981	28,040	3,722	5,955	19.6	21.2
2,500 ～	39,717	62,433	10,998	19,469	27.7	31.1
合計	1,699,764	2,113,365	72,473	107,126	4.3	5.1

（注）負担率＝税額÷給与総額。合計にはその他の給与階級も含む。
（出所）「民間給与実態統計調査」平成 22 年分，令和 2 年分より作成。

額を所得税負担率と考えると，2010年度は1.7～27.7%，2020年度は1.7～31.1%という累進的負担になっている。これは基本的には，給与所得については5～45%（2010年度は40%）の超過累進税率で課税・徴収されているからである。なお，2010年度に比べて2020年度の所得税負担率が各所得階級とも若干上昇しているが，その要因としては，①この間，各種の所得控除額の引き下げ・制限が導入されたこと，②所得税最高税率が2015年度より40%（1,800万円超）から45%（4,000万円超）に引き上げられたこと，が考えられる[6]。

2-3　配当所得の所得税

先の表2-5でみたように，配当所得からの源泉徴収税額は2010年度の1.6兆円から2020年度の4.8兆円へと3倍にも増加した。そして，源泉徴収税額に占める割合でも12.9%から25.5%へ上昇していた。このように2010年代において配当所得の所得税が急増したのは，当然ながらその背景として法人企業（株式会社）による株式配当金の増加がある。表2-11は「法人企業統計調査」により2008～2021年の当期純利益，税負担，配当金，人件費（従業員・役員の給与・賞与）の推移を示したものである。同表によって2010年前後と2020年前後の各数値を比較すると，次のことが指摘できる。①企業純利益は約40兆円から70～90兆円へと倍増している。②そして配当金支払いも約10兆円から20兆円台へ倍増している。③一方，人件費は180～190兆円前後であり大きな変動はない。④法人税・住民税・事業税という企業の税負担は企業純利益の増加を反映して15～16兆円から20兆円台に若干増加している。

つまり，2010年代において法人企業は人件費総額をほとんど抑制しながら純利益を大幅に増加させ，そのうちのかなりの部分を配当金支払いに回してきたのである。ちなみに表2-12は，2020年度の源泉徴収所得税額をバブル経済

---

6)　高所得層に影響の大きい給与所得控除は漸次引き下げられてきた。例えば給与収入1,500万円，2,000万円の給与所得控除の上限は2010年分では各々245万円，270万円であったが，2020年分では1,000万円超の給与収入ではすべて220万円になっている（『図説　日本の税制』各年度版，参照）。

期の1990年度のそれと比較したものである。両年度とも源泉徴収税額（約19兆円）と給与所得税額（約11兆円）では大きな差異はない。しかし，配当所得税額については1990年度の1.1兆円に対して2020年度は4.8兆円で4倍もある。他方で，利子所得税は2010年代以降の超金融緩和政策（低金利政策）を反映して，1990年度4.9兆円に対して2020年度には0.3兆円しか徴収されていない。フローの金融資産所得に関しては，2010年代における法人企業の配当金支払いと配当所得税の突出が目につくのである。

表2-11　法人企業の利益金，配当金，税負担，人件費の推移

（兆円）

年度	当期純利益	税負担	配当金	人件費
2008	18.8	15.4	8.6	183.6
2009	27.6	15.0	11.2	182.5
2010	39.6	16.2	8.9	180.7
2011	43.8	16.9	10.5	184.8
2012	49.0	17.9	12.8	180.6
2013	68.3	20.7	13.1	178.9
2014	73.0	21.1	15.4	182.2
2015	72.1	21.0	19.1	184.3
2016	78.4	20.9	16.9	187.4
2017	92.8	23.2	20.3	191.4
2018	91.6	22.6	22.2	193.3
2019	70.8	21.0	19.2	187.4
2020	65.4	21.4	21.0	181.0
2021	95.9	24.8	25.5	191.9

（注）人件費は従業員，役員の給与・賞与の合計。税負担は法人税，住民税，事業税の合計。
（出所）「法人企業統計調査」令和3年版。

表2-12　源泉徴収税額の内訳

（10億円）

所得区分	1990年度	2020年度
利子所得	4,891	297
配当所得	1,108	4,800
株式等譲渡所得	466	511
給与所得	11,281	11,211
退職所得	161	259
報酬・料金等	1,072	1,121
非居住者等所得	200	664
計	19,183	18,865

（出所）「国税庁統計年報書」平成2年度，令和2年度より作成。

そして同時に重要なことは，配当所得の多くの部分は高所得層に集中していること，また配当所得は実際上は総合課税ではなく分離課税されて 20%（所得税 15%，住民税 5%）という低い比例税率で徴収されているにすぎないこと，である。その意味で配当所得課税では，所得税が本来持つべきである応能負担や累進的負担という役割を十分に果たせていないのである。これについては，第 3 節の申告所得者の所得税に関連して，あわせてより詳しく検討しよう。

3. 申告所得者の所得税の動向

事業所得（営業，農業など）のある人，不動産所得のある人，株式譲渡益・不動産譲渡益の発生した人，給与所得者のうち給与収入が 2,000 万円超の人，その他雑所得のある人などは一般に所得税を申告納税する。もちろん所得税を申告納税する人でも，給与所得や利子所得，配当所得などですでに源泉徴収されている税額もある。そのことを前提にして表 2-13 で，2010 年度，2015 年度，2020 年度の申告所得者の課税状況をみてみよう。申告納税者は 702 万人（2010 年度）から 657 万人（2020 年度）へと若干減少しているが，その所得金額は 34.7 兆円から 42.6 兆円へと増加し，所得税額も 4.4 兆円から 5.8 兆円に増加している。また，その所得税額の内訳（2020 年度）は源泉徴収税額 2.6 兆円，申告納税額 3.2 兆円であった。

それでは申告所得者は 2010 年代において，いかなる所得額からその所得税額を納税していたのであろうか。表 2-14，表 2-15 を使ってその状況を確認し

表 2-13　申告所得者の納税者数，所得金額，税額

（億円）

年分	申告納税者数（千人）	所得金額	税額	税額内訳			
				申告納税額	源泉徴収税額		
					給与所得の税額	その他所得の税額	計
2010	7,021	346,958	44,515	22,431	18,456	3,628	22,084
2015	6,329	394,460	58,672	29,758	24,646	4,268	28,913
2020	6,575	425,796	58,342	31,664	22,229	4,449	26,679

（出所）「申告所得税標本調査」令和 2 年分より作成。

表 2-14　申告所得者の所得金額の推移

（兆円）

年分	事業所得者	不動産所得者	給与所得者	雑所得者	他の区分に該当しない所得者	合計
2010	5.6	5.5	15.5	4.0	4.1	34.7
2011	5.9	5.4	15.5	2.3	4.5	33.7
2012	6.2	5.5	15.7	2.1	5.2	34.7
2013	6.3	5.5	16.7	2.1	7.9	38.6
2014	6.5	5.5	16.8	1.9	6.4	37.2
2015	6.9	5.6	17.6	1.9	7.4	39.4
2016	7.1	5.6	17.5	1.9	8.0	40.1
2017	7.0	5.7	18.0	1.9	8.9	41.5
2018	7.0	5.7	18.4	1.8	9.3	42.2
2019	7.1	5.7	18.1	1.7	9.1	41.6
2020	7.6	5.7	18.8	2.0	8.4	42.6

（出所）「申告所得税標本調査」令和 2 年分より作成。

ていこう。

表 2-14 は申告所得者の所得者種類別の所得金額の推移を示している。ここからは次の点が指摘できる。① 2020 年度の所得額 42.6 兆円の内訳は，給与所得者 18.8 兆円（44%），事業所得者 7.6 兆円（18%），不動産所得者 5.7 兆円（13%），雑所得者 2.0 兆円（5%），他の区分に該当しない所得者 8.4 兆円（20%）であり，給与所得者の所得が毎年度ほぼ 4 割強を占めている。② 2010 年度から 2020 年度にかけて所得総額は 7.9 兆円増加しているが，それはもっぱら給与所得者の所得増 3.3 兆円，他の区分に該当しない所得者の所得増 4.3 兆円によってもたらされている。③ 給与所得者の所得増には，給与 2,000 万円超の所得者の所得増がかなり反映していると考えられる[7)]。④ 他の区分に該当しない所得者とは，基本的には配当所得，株式譲渡益，不動産譲渡益などを主たる所得とするものである。

次に表 2-15 は申告所得者の所得者種類別の所得税額の推移を示している。所得税総額は 2010 年度の 4.5 兆円から 2010 年代後半には 6 兆円前後に増加している。なかでも給与所得者は 2010 年度 2.3 兆円から 2010 年代後半には 3 兆

7)　先の表 2-7，表 2-8 によれば，民間給与所得者で給与 2,000 万円超の所得階級の給与総額は 2010 年度 5.86 兆円から 2020 年度 8.84 兆円へと 2.98 兆円増加している。

円前後に増加し，また各年度税額の 5 割弱を占めている。一方，他の区分に該当しない所得者の税額も 2010 年度の 0.6 兆円から 2010 年代後半には 1.2～1.5 兆円へと 2 倍以上に増加している。このことから，申告所得者の所得税額において，配当所得や株式譲渡益・不動産譲渡益などキャピタルゲイン所得が大きな役割を果たすようになったことがわかる。

ちなみに表 2-16 は申告所得者の所得種類別額をバブル経済期の 1990 年度と 2020 年度で比較したものである。分離長期譲渡所得という不動産譲渡益は

表 2-15　申告所得者の所得者種類別税額の推移

（兆円）

年度	合計	事業所得者	不動産所得者	給与所得者	雑所得者	他の区分に該当しない所得者
2010	4.45	0.67	0.70	2.33	0.14	0.61
2011	4.65	0.70	0.68	2.47	0.11	0.69
2012	4.78	0.73	0.68	2.49	0.09	0.79
2013	5.37	0.75	0.69	2.75	0.11	1.06
2014	5.39	0.76	0.69	2.83	0.10	1.01
2015	5.87	0.82	0.70	3.06	0.10	1.18
2016	5.91	0.84	0.70	2.98	0.09	1.28
2017	6.20	0.83	0.71	3.12	0.12	1.42
2018	6.32	0.83	0.71	3.15	0.11	1.51
2019	6.13	0.84	0.71	3.07	0.08	1.42
2020	5.83	0.84	0.71	2.84	0.10	1.34

（出所）「申告所得税標本調査」令和 2 年分より作成。

表 2-16　申告所得者の所得種類別額

（10 億円）

	1990 年度	2020 年度
事業所得	2,327	7,409
利子所得	13	10
配当所得	701	770
不動産所得	4,353	6,203
給与所得	18,223	17,714
総合譲渡所得	279	71
一時所得	215	230
雑所得	2,777	2,897
分離長期譲渡所得	17,309	4,043
株式等の譲渡所得等	908	3,093
総計	57,829	42,579

（注）総計には，山林所得，退職所得，分離短期譲渡所得も含む。
（出所）「申告所得税標本調査」平成 2 年分，令和 2 年分より作成。

1990年度においては所得の29.9%を占めていたが，2020年度には9.5%に低下している。逆に株式等の譲渡所得は1990年度には1.6%にすぎなかったが，2020年度には7.2%に上昇している。1990年度は不動産バブルの影響が顕著であったが，2010年代においては株価上昇の効果がより大きくなっていることがわかる。

ところで，重要なことは配当所得や株式譲渡益・不動産譲渡益というキャピタルゲイン所得はその多くが高所得層，富裕層に帰属していることである。このことを表2-17で確認しておこう。表2-17は2020年度における申告所得者の所得階級別（1億円超）の人員と所得種類別金額の内訳を示したものである。同表からは次のような興味深い事実が浮かび上がってくる。

第1に，所得1億円超の富裕層は申告所得者657万人のうち1.9万人で，上位0.3%ということになる。

第2に，所得1億円超の富裕層の所得の中心は配当所得，株式譲渡所得，不動産譲渡所得（分離長期譲渡所得）という資産性所得であり，それらは各所得階級の所得額の51～99%を占めている。申告所得者全体ではこうした資産性所

表2-17　申告所得者の所得階級別の所得額（2020年分）

（10億円）

所得階級（億円）	人員（人）	金額	営業所得	配当所得 A	給与所得	分離長期譲渡所得 B	株式等の譲渡所得等 C	A+B+Cの割合（%）	A+Cの割合（%）
1～2	12,995	1,745	144	88	555	533	273	51.3	20.7
2～5	4,735	1,391	80	92	315	407	421	66.1	36.9
5～10	1,041	708	20	58	111	147	343	77.5	56.6
10～20	384	519	10	46	56	73	318	84.2	70.1
20～50	173	521	10	41	41	29	393	89.0	83.3
50～100	41	274	3	10	3	1	245	93.8	93.0
100～	28	470	—	93	4	7	363	98.7	97.0
小計	19,397	5,628	267	428	1,085	1,197	2,356	70.7	49.5
総計	6,574,695	42,580	6,835	770	17,714	4,043	3,094	18.6	9.1
1億円超の割合（%）	0.3	13.2	3.9	55.6	6.1	29.6	76.1	—	—

（出所）「申告所得税標本調査」令和2年分より作成。

得の割合は 19%にすぎない。とくに所得 10 億円超の超富裕層ではそれらが所得の 84～99%を占めており，また配当，株式譲渡所得という株式関連所得だけでも 70～97%を占めていたことは注目される。

第 3 に，逆に言うと，資産性所得総額における富裕層の占有度は極めて高い。申告所得者の所得総額に占める所得 1 億円超層の割合は 13.2%である。ところがその割合は，配当所得では 55.6%，株式譲渡所得では 76.1%，不動産譲渡所得では 29.6%に達しているのである。とりわけ株式関連所得での富裕層の占有率が高いことがわかる。

さて，2010 年代において法人企業の配当金支払額が急増していたことは先に表 2-11 でも確認している。そこでここでは株式譲渡益の基盤となる株価の動向をみておこう。表 2-18 は東証株価指数と東証株価時価総額（第一部）の推移を表したものである。株価指数は 2010 年の 898 から 2020 年の 1,804 へと 2 倍に上昇し，株価時価総額も 2010 年の 306 兆円から 2020 年の 667 兆円へと 2.2 倍に増加している。このようにみると，2010 年代における企業配当の拡大，株価上昇に基づく株式譲渡益という経済的利益＝所得拡大はもっぱら富裕層に大きな恩恵を与えてきたと言えよう。

表 2-18　東証株価の動向

暦年	東証株価指数（1968 年 1 月＝100）	東証株価時価総額（第一部）（兆円）
1988	2,281	463
2010	898	306
2011	728	251
2012	859	296
2013	1,302	458
2014	1,407	506
2015	1,547	572
2016	1,518	560
2017	1,817	674
2018	1,494	562
2019	1,721	648
2020	1,804	667
2021	1,992	728

（出所）『経済財政白書』令和 4 年版，363 頁。

なお，不動産を除いた資本所得の所得階級別分布に関連しては，政府税制調査会（2022年10月4日）において財務省が提示した説明資料が興味深い。表2–19がそれである。ここでの資本所得とは，株式・特定公社債等の譲渡所得，配当所得，利子所得であり，預貯金利子，非上場株式の配当，NISA制度の配当・株式譲渡益は含まない。同表によると，2019年で日本国内において何らかの資本所得を得ている個人は1,764万人で，その資本所得額は7.4兆円である。しかし，そのうち資本所得1億円以上層は，人数では全体の0.03％であるが，資本所得は2.7兆円で全体の37％を占有する。とくに，資本所得10億円以上の超富裕層は全体人数の0.003％であるが，資本所得は1.5兆円，全体の20％も占有しているという。

そして，最後に指摘しておかなければならないのは，申告所得者の所得税負担においては，所得税の累進的負担が機能していないという現実である。表2–20は2020年分の申告所得者の所得税負担率を所得階級別に計算したものである。所得階級300万円未満から1億円未満にかけては，負担率は2.8～27.1％という累進的負担を示している。しかし，所得額1億円を超えると，逆に負担率は低下しはじめ，100億円超の所得階級では19.6％になっている。これはすでに指摘したように，高所得層・富裕層ほどその所得の大半は配当，株式譲渡益，不動産譲渡益であること，そしてこれらの所得については累進税率（5～45％）が適用される総合課税方式ではなく，低率（20％：所得税15％，住民税5％）

表2–19　資本所得の分布（2019年分）

資本所得階級	人数シェア（％）	資本所得金額	
		兆円	シェア（％）
10億円以上	0.003	1.5	20
1億円以上	0.03	2.7	37
1000万円以上	0.3	3.9	53
100万円以上	4.9	5.9	79
総計	1,764万人	7.4	100

（注）ここでの資本所得とは，株式，投資信託，特定公社債等の譲渡所得，配当所得，利子所得。預貯金利子，非上場株式の配当，NISA制度の配当・譲渡益は含まない。
（出所）財務省「説明資料〔個人所得税〕」政府税制調査会2022年10月4日での資料。

表2-20　申告所得者の所得税負担率（2020年分）

（10億円）

所得階級（円）	合計所得金額	税額			負担率
		源泉徴収税額	申告納税額	計	（%）
250～300万	1,617	14	32	46	2.8
400～500	2,571	35	74	109	4.2
700～800	1,572	45	86	131	8.3
1,000～1,200	1,960	100	134	234	11.9
1,500～2,000	3,135	285	257	542	17.3
3,000～5,000	3,406	458	383	841	24.7
5,000～1億	2,930	405	389	794	27.1
1～2億	1,745	214	253	467	26.8
2～5億	1,391	131	202	333	23.9
5～10億	708	50	102	152	21.4
10～20億	519	33	75	108	20.8
20～50億	521	25	79	104	20.0
50～100億	274	6	41	47	17.2
100億～	470	21	71	92	19.6

（注）各所得階級の負担率＝税額÷合計所得金額。
（出所）「申告所得税標本調査」令和2年分より作成。

の分離課税方式が適用されているからである。

おわりに

2010年代において日本の所得税は，確かにその課税所得の増加とともに所得税収を回復させてきた。しかし，その実態をより詳しくみると次のような注目すべき点もあった。① 源泉徴収税額の6～7割を占める給与所得税については，所得800万円ないし1,000万円超の高所得層人員および所得額の増加がとくに貢献していた。② 逆に言えば，給与所得者の9割以上を占める所得800万円未満の低中所得層の所得の成長が十分ではない。③ 源泉徴収税額での配当所得税の増加も目立つが，その配当所得の多くは富裕層に帰属し，分離課税によって累進課税されていない。④ 申告所得者においては，配当，株式譲渡益，不動産譲渡益の所得はもっぱら富裕層に占有され，所得税の累進課税も機能していない。

さてここで現代日本の所得格差と所得再分配について，厚生労働省の「所得再分配調査」の数値を参照してみよう。「令和3年　所得再分配調査報告書」

によれば，① 調査集計 3316 世帯の 2020 年・当初所得のジニ係数は 0.5700 であり，2005 年の 0.5268 より悪化（格差拡大）している，② 社会保障給付（年金・児童手当等の現金給付，医療・介護・保育等の現物給付），社会保険料，税金（直接税：所得税，住民税，固定資産税，自動車税・軽自動車税）を経た再分配所得のジニ係数は 0.3813 になる，③ 給付・負担という再分配を通じてジニ係数は 0.1887 縮小・改善している，④ 再分配による改善度は 33.1%であるが，その内訳は社会保障による改善度 29.8%，税による改善度 4.7%になる，という[8)]。つまり現代日本の福祉国家財政での所得再分配においては，所得税など直接税の役割はそれほど大きくないこと，むしろ社会保障給付による生活保障＝所得再分配が主要な役割を果たしていることがわかる。

その意味では，今日，21 世紀の日本の国家財政が膨大な歳入不足（財政赤字）を抱えている状況や，国民の間での所得格差・資産格差の進行を考えるならば，所得税を健全で成長性のある基幹税として確立すること，と同時に所得税による応能負担や累進的負担を確実に機能させることは極めて重要なことであろう。そのためには，低中所得層の勤労所得の成長を図ること，富裕層の占有する金融所得，資産性所得に対する累進課税強化の方策を具体化することが必要になろう[9)]。

参考文献・資料

厚生労働省政策統括官「令和 3 年　所得再分配調査報告書」。
国税庁編「国税庁統計年報書」令和 2 年度，平成 2 年度。
国税庁編「申告所得税標本調査」令和 2 年分，平成 2 年分。
国税庁編「民間給与実態統計調査」令和 2 年分，平成 22 年分。
財務省「説明資料〔個人所得課税〕」政府税制調査会 2022 年 10 月 4 日。
財務省財務総合政策研究所「法人企業統計調査」令和 3 年版。
関野満夫（2023）「現代日本の所得税収：その回復と実態」中央大学『経済学論纂』第 64 巻第 1・2 合併号。
内閣府（2022）『経済財政白書』令和 4 年版，日経印刷株式会社。
内閣府経済社会総合研究所「国民経済計算」。

8）「令和 3 年　所得再分配調査報告書」より。
9） 本章は，関野（2023）を一部加筆修正したものである。

藤井大輔・木原大策編（2022）『図説　日本の税制』令和 2-3 年度版，財経詳報社。
OECD, *Revenue Statistics*.

第 3 章

財政民主主義と繰越明許費

浅 羽 隆 史

はじめに

民主主義の危機が言われるようになって久しい。『朝日新聞』によれば，すでに 1956 年 4 月 9 日の朝刊に，「「民主主義の危機」をめぐって」という記事が掲載されている[1)]。最近では，Przeworski（2019）による歴史的かつ豊富なデータに基づく著書『民主主義の危機』を紹介することができよう。民主主義を問う宇野（2020）では，序「民主主義の危機」において，民主主義の危機を 4 つのレベルでとらえている。「第一はポピュリズムの台頭，第二は独裁的指導者の増加，第三は第四次産業革命とも呼ばれる技術革新，そして第四はコロナ危機」である[2)]。

民主主義の危機は，日本の財政運営にも指摘できる。議会の議決権を制約する国庫債務負担行為や繰越明許費の膨張，莫大な各種予備費の計上や不要不急の様々な基金の醸成，あまりに短い予算審議などが，その例としてあげられる。

本章では，現代日本における民主主義の枠組みを財政面から問い直し，上記のような財政民主主義を脅かしているもののなかから，先行研究[3)] の極めて少

1） 『朝日新聞』，1956 年 4 月 9 日朝刊東京本社第 12 版，6 頁。
2） 宇野（2020），18-19 頁。
3） 繰越明許費あるいは明許繰越を直接扱った研究は，繰越制度の 1 つとしてふれて

ない繰越明許費に着目する[4]。そこでまず財政政民主主義について概観し，繰越明許費の存在意義と限界を考察する。そして，繰越明許費の総額に加え実際に繰り越された明許繰越の主要経費別の推移などから実態とその背景を明らかにし，問題点を示したい。

1. 財政民主主義

1-1　意　　義

民主主義を標榜する国であれば，財政制度も民主的な枠組みのなかで運営されなければならない。財政とは，政府が支出したり収入をあげたりする経済行為のすべてであり，財政現象を盛り込む代表的な仕組みとして予算がある。予算は，被統治者が財政をコントロールするための手続きであり，とくに歳出は被統治者の合意が統治者への権限付与書となり，また被統治者への約束の書となる[5]。予算はその決定過程において，民主主義を確保する手続きが用意されたうえで，民主的な運用がなされる必要がある。

財政民主主義とは，財政が国民・住民の意思に基づき，国民・住民の利益となるように運営されることであり，なかでも国家が支出や課税といった財政活動を行う場合，国民の代表者で構成される国会での議決は最重視される。

神野（2021）では，財政民主主義の要約として，「第一に，租税や公債など，国民に貨幣的負担を負わせる政府の行為，およびその前提となる経費支出については，議会の議決を通じて国民の承認を得ることとする。第二に，歳入および歳出は，予算という形式の文書にして議会の承認を得なければならない。第

いる桑原（2021）などごくわずかである。

4）国庫債務負担行為は浅羽（2021a），予備費は日本経済新聞社（2023），基金は藤井（2023）を参照せよ。

5）歳入については歳出とその位置付けが異なり，税収などの見通しに過ぎない。例えばアメリカやイギリスで制度上の予算といえば歳出のことであり，歳入は議決の対象外である。また，歳入を予算の一部として議決対象とする日本においても，例えば租税及印紙収入は予算計上した金額が外れても法的な問題はない。ただし，実際の税収が予算額より不足する場合には，補正予算の編成が原則となる（年度末や出納整理期間中の場合，国は歳入欠陥，地方は繰上充用の手続き）。

三に，歳入および歳出の結果は，決算という形式の文書にして議会の承認を得なければならない。第四に，議会が二院制をとる場合，国民の意思をより代表する院に優先権が与えられなければならない。」[6)] としている。

1-2　財政民主主義を支える制度

日本における財政民主主義は，日本国憲法や財政法等でその枠組みが規定されている。日本の法制度から，財政民主主義について考えてみよう。日本国憲法では，財政を扱う第 7 章冒頭の第 83 条において，「国の財政を処理する権限は，国会の議決に基いて，これを行使しなければならない。」として国会の議決権を保障している。税に関しては，国民の財産を強制的に収奪する強い権力性を有するため，第 84 条において「あらたに租税を課し，又は現行の租税を変更するには，法律又は法律の定める条件によることを必要とする。」として租税法律主義を課し，国費支出や債務負担についても第 85 条において「国費を支出し，又は国が債務を負担するには，国会の議決に基くことを必要とする。」として国会での事前決議を求めている。さらに第 86 条において，「内閣は，毎会計年度の予算を作成し，国会に提出して，その審議を受け議決を経なければならない。」として，特別の議決形式を意味する予算の編成権を内閣に独占させる一方，国会での議決を不可避とする。これらが，事前決議の原則と呼ばれるものである。また，第 86 条は予算の単年度主義も示している。予算は各会計年度で作成し期間中のみ有効というもので，財政民主主義の根幹をなす国会における事前決議を毎会計年度求めている。なお，会計年度の長さについて憲法では明示していないが，第 90 条「国の収入支出の決算は，すべて毎年会計検査院がこれを検査し，内閣は，次の年度に，その検査報告とともに，これを国会に提出しなければならない。」となっている点や第 91 条の「内閣は，国会及び国民に対し，定期に，少くとも毎年一回，国の財政状況について報告しなければならない。」としていることなどから，一会計年度を 1 年間と解するこ

6)　神野（2021），76 頁。

とが定説となっている[7]。

財政民主主義を支える制度は，予算の単年度主義や事前決議の原則の他にも様々なものが存在する。まず，会計年度独立の原則である。財政法第12条「各会計年度における経費は，その年度の歳入を以て，これを支弁しなければならない。」として，各会計年度の経費は他の年度と区分し，当該年度の歳入で支出することを求めている。予算の単年度主義と似ている面もあるが，会計年度独立の原則の目的は健全性確保にある。

予算は単一会計で一体経理を原則とする予算単一の原則も，重要なルールである（財政法第13条2項）。その意図は，国の施策を網羅・通観でき明確性と健全性を確保することである。国民にとってのわかり易さを確保することが，民主主義を機能させるうえで重要である。ただし，一体経理にすると却ってわかりにくい場合には，例外として特別会計が設置される。歳入と歳出を相殺せず両建てで計上する総計予算主義（財政法第14条）も，明確性と健全性の確保を意図している。財政法第2条で規定されている現金主義は，現金の授受の時点で損益を整理計算するもので（一部特別会計で例外あり），企業会計で用いられる発生主義と比較して，やはりわかり易さという点に特徴がある。

1-3　制度の例外

こうした財政民主主義を支える諸制度にも，上述の特別会計の存在をはじめ例外は存在する。それは主に，国民にとって望ましい場合である。例えば，事前決議の原則の例外として，予備費がある。予備費は憲法第87条において，予算の機動性を一定範囲内で担保する目的で認められている。もちろん事前決議が原則であり，その例外として予備費を設けることが可能なことから明らかなように，巨額の計上は憲法の趣旨に反する。しかし，コロナ禍以降，一般会計における予備費の金額はあまりに大規模なものとなっている。2020年度当初予算は予備費0.5兆円だけだったが，補正予算において新型コロナウイルス

7）小村（2016），59頁。

感染症対策予備費11.5兆円が追加された。2021年度は当初予算から予備費0.5兆円に加え新型コロナウイルス感染症対策予備費5兆円を計上，2022年度は前年度同様の当初予算に加え補正予算で予備費を0.4兆円追加，名称を変更した新型コロナウイルス感染症及び原油価格・物価高騰対策予備費として4.86兆円増，ウクライナ情勢経済緊急対応予備費を新たに1兆円計上した。そして2023年度当初予算では，予備費0.5兆円，新型コロナウイルス感染症及び原油価格・物価高騰対策予備費（補正予算で原油価格・物価高騰対策及び賃上げ促進環境整備対応予備費に名称変更）4兆円，ウクライナ情勢経済緊急対応予備費1兆円，2024年度当初予算は予備費1兆円，原油価格・物価高騰対策及び賃上げ促進環境整備対応予備費1兆円となっている。

同じく議会の議決権を担保するためのルールである予算の単年度主義の例外としては，継続費，国庫債務負担行為，そして繰越明許費がある。継続費は，対外的に複数年度契約を締結し，総額と年割額を初年度の予算で議決するものである。大日本帝国憲法では継続費の規定があったものの（第68条），日本国憲法にはその規定がないことから違憲論もある[8)]。そうしたなか，一般会計では1952～56年度にダム建設などに使われたこともあるが，現在は防衛関係費の一部の警備艦と潜水艦の建造のみに活用され，抑制的な運用がなされている[9)]。一方，国庫債務負担行為は，対外的に複数年度契約は行うものの，総額のみ初年度の予算で議決し，年割額は各年度で議決する。国庫債務負担行為は継続費と対象的に，膨張が著しい。2013年度まで新規の国庫債務負担行為は2兆円台（当初予算）で歳出の3%程度だったが，その後増大し2024年度当初予算は11.4兆円で歳出予算の10.1%にのぼる。

本章の主題である繰越明許費とは，経費の性質や予算成立後の事由で年度内に支出が終わらない見込みがあり，予め国会で議決し翌年度へ繰り越す可能性

8)　碓井（2006）では，「継続費違憲論があった」（75頁）と指摘する一方，「合憲であると解釈したい」（86頁）としている。

9)　特別会計では，1947年度のみ国有鉄道事業建設改良費で継続費の活用例がある。なお，地方自治体では異なっており，2020年度一般会計当初予算で都道府県は13県，政令市は4市が継続費を活用している。詳しくは，浅羽（2021b）を参照せよ。

がある支出のことである。繰越明許費は，予算の単年度主義（事前決議の原則）の例外であるうえ，会計年度独立の原則の例外でもある。継続費や国庫債務負担行為との違いは，対外的に複数年度契約をせず，翌年度以降に繰り越すか不明な場合に活用する点が大きい。また，継続費や国庫債務負担行為は原則5年以内（それより長期の例外も存在する）と長期間の事業契約が可能だが，繰越明許費の場合，翌債の承認を経た場合などを除き複数年度にわたる契約はできない。

会計年度独立の原則の例外としては，繰越制度に加えて，前年度剰余金受入もあげられる。ただし，翌年度への剰余金繰入のために過大な歳出見積もりや過小な税収見積もりがあれば問題だが，現状そうした事態は明らかではない。

2. 繰越明許費制度の意義と限界

2-1　制度の位置付け

上記の通り，繰越明許費制度は予算の単年度主義（事前決議の原則）や会計年度独立の原則の例外である。もちろん，例外として活用するにはそれだけの意義がなければいけない。予算の単年度主義で言えば，例えば年度内に完成する可能性が高くても気象条件次第では翌年度にまたがる可能性があるような場合，念のため総額の8割などの中途半端な契約を締結し，翌年度改めて予算化して2割分を契約するというのは非効率的である。また，完成までの契約をしても年度内に竣工しなかった場合，残余分を不用と処理し，翌年度に改めて予算計上（多くは補正予算計上となるだろう）するのも総費用が嵩む可能性が大きいうえ，いたずらに事務作業を増加させ完成まで余分な時間がかかり望ましくないだろう。

会計年度独立の原則との関係で見れば，繰越制度は支出を議決した年度の財源が翌年度以降の支出に使用され問題である。しかし，突発的な事情を含む何らかの原因により事業の完成が翌年度に及ぶような場合，未使用分を一度不用にして翌年度改めて財源調達することを常に強いるのは，適切な処理とは言えないだろう。

このように，繰越制度の意義として，効率性の確保と事業の円滑な進捗をあげることができる。そして繰越制度の中核をなす繰越明許費の意義としては，繰り越す恐れがある場合に予算でその旨事前に明らかにして議決することにある。ただし，あくまで予算の単年度主義や会計年度独立の原則といった財政民主主義に直結する仕組みが重要であり，繰越明許費の計上は抑制的に運用すべきなのは当然である。ましてや年度末の予備費の使用や年度も遅くなっての補正予算の追加で，契約が追い付かず国庫債務負担行為ではなく繰り越すことがわかっていてとりあえず繰越明許費に計上することや，予備費を繰越明許費対象事業に使用するなど不適切であることは明らかだろう。

なお，繰越制度には，繰越明許費が実際に繰り越された場合の明許繰越[10)]のほかに，事故繰越や継続費の逓次繰越もある。事故繰越とは，繰越明許費以外で，当該年度内に避け難い予期せぬ事故等があり，年度内に執行が終わらなかった場合に繰り越すことである。事故繰越も財源ごと翌年度に繰り越されるため，新たな債務の発生はない。そして再度の繰り越しについて，明許繰越された事業は翌年度に事故繰越としての繰り越しは可能（明許繰越を再度行うことは不可能）だが，事故繰越は再度の繰り越しが認められない。つまり，繰越明許費とした事業が明許繰越となり翌年度に繰り越し，それが事故繰越となれば通算3年間にわたる実施も制度上は可能である。

事故繰越は，明許繰越同様に増加傾向にある。事故繰越の規模はその性格上，大規模災害の有無と関係がある。1993年度まで100億円に満たなかった事故繰越が，1995年1月17日に阪神淡路大震災が起こり，1994年度は309億円，1995年度1,331億円，1996年度は2,446億円を計上している。ただし，事故繰越の膨張は大規模災害だけが原因とは言えない。やはり，後述の繰越明許費同様，予算とくに補正予算の膨張や査定に甘さがあった可能性，そして繰越手続の簡素化の流れも影響している。2009年10月23日閣議決定の「予算編成等

10）財務省主計局司計課（2020）などでは，明許繰越し，事故繰越し，逓次繰越しという表記となっているが，決算書では「財政法第14条の3第1項の規定による明許繰越のもの」などと表記されている。本章では，決算書の表記に倣うことにする。

の在り方の改革について」における繰越制度の一層の活用方針を受け，財務省は繰り越しに係る事務手続を簡素化した。また，東日本大震災（2011年）や熊本地震（2016年）の際には，被災自治体の負担軽減等のため事故繰越に係る事務手続の簡素化が行われ，2019年度以降は災害復旧・復興事業の事故繰越手続がすべて簡素化される。

継続費の逓次繰越とは，継続費の対象事業に関して，各年度の支出が何らかの事情によって当該年度に支出できない場合に繰り越すことである。継続費の対象期間内であれば，何年度でも繰り越しが可能である。1983年度から2010年度は1994年度の45億円を除き繰り越しはなかったが，2011・13・14年度は継続費の逓次繰越が行われた。ただしその金額は，各年度で1～4億円にとどまっていた。その後2018年度まで計上されていなかったが，2019年度以降は2022年度決算まで毎年度計上されている。しかも金額が21億円から78億円（2022年度）と，規模が大きくなっている。

このほか，特別会計に関する法律による繰り越しとして，支出残額の繰越，支出残額の逓次繰越がある。

2-2　予算・決算――繰越明許費から明許繰越

財政法第14条の3で示された通り，繰越明許費とは経費の性質や予算成立後の事由で年度内に支出が終わらない見込みがあり，予め国会で議決し翌年度繰越の可能性がある支出のことである。ここで言う経費の性質とは，予算段階で用地買収や気象条件などの外的要因により年度内に支出が終わらない見込みがある場合のことで，予算書にその旨を明記し繰越明許費となる。また，予算成立後の事由とは，年度途中に何らかの事由で年度内に支出が終わらない見込みになり補正予算時に繰越明許費とすることを指す。そしてこれらの事由は，予算参照書の繰越明許費要求書において，計画に関する諸条件，設計に関する諸条件，気象の関係，用地の関係，補償処理の困難，資材の入手難，それ以外の事由のどれに該当するか明示することが求められる。事由は複数あげることが可能で，例えば2024年度当初予算の国土交通本省の河川整備費はそれ以外の事由を除くすべてが該当するとされている。なお，補正予算において歳出額の増減がない項でも，該当する事由があれば新たに繰越明許費として予算計上されることもある。また，当初予算では繰越明許費となっていない項でも，補正予算における歳出追加時に当初予算分も含めて繰越明許費となる場合もある。この場合，財政法第14条の3における経費の性質に該当する。

議決対象となる繰越明許費の予算計上は，項単位で行われる。この点で，歳出予算と同様である。ただし，項のなかの目で限定されるものもある。例えば2024年度当初予算では，国土交通本省の水資源対策費は項全体（目は5つ）が繰越明許費だが，住宅市場整備推進費は12ある目のなかで住宅市場整備等事業費のみ繰越明許費となっている。ただし，予算書の丙号繰越明許費を見ても，各事業の繰越明許費の対象金額や繰越明許費全体の金額は不明である。歳出（項であれば一般会計予算の甲号歳入歳出予算，目であれば予算参照書の一般会計各省各庁予定経費要求書等）を見れば，繰越明許費対象の各事業の金額を紐づけられるが，例えば繰越明許費の総額は積算が大変でわかりづらい。情報公開の点で課題が残る。

実際に繰り越しが発生する場合，原則として年度末の3月31日までに各省庁の長が繰越計算書，箇所別調書，そして理由書等を作成し財務大臣に提出する。そして財務大臣は原則10日以内に承認し，各省庁の長へ通知する。翌年度予算では，改めて歳出として配賦せず当該経費に予算の配賦があったとみなす。つまり，歳出予算額（当初予算額や補正予算額）に前年度繰越額を加えたものが実際に使用できる金額となり，その後の予備費使用や移用，流用による増減を加減算したものが歳出予算現額と呼ばれる。予算において繰越明許費とされていたものが支出や不用とならず実際に繰り越されると，明許繰越となる。ただし，繰越明許費として国会の議決を経た項や目であっても，繰り越しの要因が繰越明許費要求書に予め示していた事由に該当しなければ明許繰越はできない（事故繰越の可能性は残る）。

繰り越された予算の執行は，繰越前（前年度）の予算総則に従うことになる。決算では，実際の繰越額が事故繰越や継続費の逓次繰越とともに，明許繰越として項単位で金額が明示される。

2-3　情報公開の課題

繰越制度に着目した数少ない先行研究の1つである桑原（2021）は，決算における明許繰越の情報開示の乏しさを指摘する。桑原（2021）が問題視するのは，事由についてである。不用の事由が決算参照の歳出決算報告書に具体的かつ個別的に明記されているのに対して，明許繰越の事由は決算参照に記述されていないうえ，国会審議の参考として作成される『決算の説明』でも，「対象が事項（事業費）単位にとどまることに加え，説明ぶりは不用理由と比較して具体性に欠け，極めて定型的なものとなっている」[11]と指摘する。

決算における情報開示の問題については，桑原（2021）の指摘に加え，明許繰越と事故繰越の区別が不明確な点を加えることができる。例えば，2022年度決算における国土交通本省所管の道路交通安全対策事業を見てみよう。2022年度の同事業は，補正予算を含めて9,878億円計上され，前年度繰越額が3,314億円，予備費使用222億円が加わり歳出予算現額は1兆3,413億円であった（移用・流用の増減なし）。予算段階で同事業は，15あるすべての目が繰越明許費となっていた。そして決算書において，支出済歳出額9,556億円，翌年度繰越額3,837億円，不用額21億円，翌年度繰越額のうち3,761億円が明許繰越，76億円は事故繰越であることがわかる。しかし，目ごとにわかるのは翌年度繰越額全体だけで，各目における明許繰越と事故繰越の金額は不明である。主要経費別分類で見ると，同事業は目により道路整備事業費と住宅都市環境整備事業費に分かれるが，明許繰越と事故繰越の分類ができない。それでも同事業はすべて公共事業関係費に含まれるものの，2022年度の内閣本府の沖縄政策費のように，目によって科学技術振興費（より広くは文教及び科学技術振興費）とその他の事項経費が混在し明許繰越と事故繰越がともに発生した場合，主要経費別分類での分析に厳密性を欠くことになる。

11）　桑原（2021），34頁。

こうした情報公開の乏しさは，財政民主主義を機能する前提となる情報公開の原則に反するものであり，繰越明許費が創設された1952年改正以来内包している問題である。一方，過去こうした情報公開の問題は，重大なものとは言えなかった。それは，規模の膨張と無縁ではない。例えば一般会計の明許繰越が8,434億円で，歳出決算額比1.2％に過ぎなかった1990年度決算では，公共事業関係費（治山治水対策事業費，道路整備事業費，港湾漁港空港整備事業費など）や恩給費（文官等恩給費と旧軍人遺族等恩給費）の枠組み内での明許繰越と事故繰越の峻別不能なケースはあるが，主要経費の区分を超えるものはなかった。しかし一般会計の明許繰越が16兆5,008億円で歳出決算額比12.5％にのぼる2022年度決算では，上記の例以外にも主要経費の区分を超えて明許繰越と事故繰越が混在する様々なケースがある。そのため，従来大きな問題とされていなかったものでも，注視しなければならなくなった。

3. 繰越明許費の実態――予算の推移と背景

ここでは，1970年度以降の予算段階における繰越明許費の推移から，実態や背景を探る（図3-1）。なお，繰越明許費は特別会計にも存在するが，重要性や連続性などの観点から一般会計を対象とする。

3-1　1970・80年代

当初予算では，1970年代に繰越明許費が増加している。1970年度に2.2兆円だったものが，1979年度には9.9兆円と4倍以上になった。当時は物価上昇率も高かったが，名目GDP比で見ても，1970年度の2.9％が1979年度には4.5％となっている。これは，社会保障関係費や文教及び科学振興費など歳出予算全体の拡大の影響もあるが，事業の性格上繰越明許費の対象となることが多い公共事業の拡大が強く影響している。1979年度の公共事業関係費（補正後）は1970年度と比べ4.7倍で，同時期の名目GDPの拡大ペースである2.9倍をはるかに上回る。繰越明許費の対象となる項の数は，1970年度当初予算の173（補正予算での追加なし）が1973年度当初予算で201（補正予算での追加1）となった

図 3-1　一般会計繰越明許費の推移

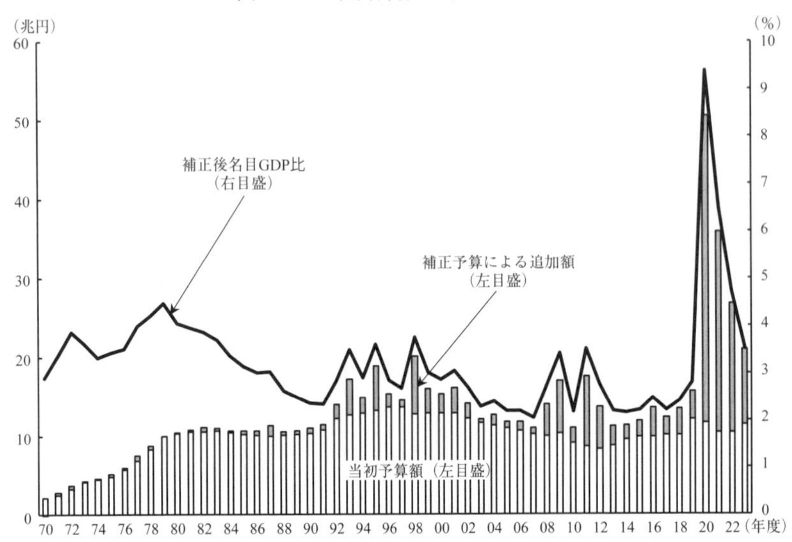

（注 1）名目 GDP は，1979 年度まで 1968SNA，1980〜93 年度は 2015SNA（簡易遡及），1994 年度以降は 2015SNA。
（注 2）1970 年度は補正予算において純計 118 億円の繰越明許費減額補正があった。
（出所）参議院予算委員会調査室編『財政関係資料集』，各年度予算書，内閣府経済社会総合研究所編「国民経済計算年次推計」，総務省統計局監修『日本長期統計総覧』により作成。

後 1979 年度は 202（補正予算での追加なし）とほとんど変わっておらず，目での限定も大差ない。1970 年代は，2 度の補正予算で公共事業関係費を 7,038 億円追加し繰越明許費全体で 7,234 億円拡大した 1977 年度を除き，補正予算での積み増しはわずかで，繰越明許費拡大は当初予算中心だった。

その後，1980 年代における当初予算段階での繰越明許費は 10 兆円程度と抑制気味に推移した。この背景として，財政再建があげられる。1973 年の第 1 次石油危機を経て，日本の高度経済成長は終焉した。一方，全国総合開発計画に代表される国土の均衡ある発展を目指した公共事業の拡大や，社会保障の充実は続けられ，財政赤字が拡大した。そこで政府は 1980 年度を財政再建元年として，歳出抑制を柱とした行財政改革を実施した。とくに公共事業は，概算要求段階でのゼロシーリングやマイナスシーリングによって抑制基調で推移した。また，補正予算での追加も限定的であった。例外として，1987 年度に補正予算（主に第1号）において対外不均衡の是正等を狙いとする内需拡大策として緊急経済対策が立案され，公共事業費（公共事業関係費以外の施設費等を含むもの）は1.4兆円増加された。1897年度の繰越明許費がその影響で補正予算において増加した以外，1980年代の補正予算で目立った積み増しはなかった。そのため1980年代全体として補正後予算の繰越明許費の名目GDP比は低下傾向にあり，1990年度には2.4%まで下がった。

3-2　バブル崩壊～2000年代半ば

1990年代は当初予算の増加に加え，補正予算で繰越明許費を追加する年度が目立つようになった。1990年代の繰越明許費増大の背景には，大きく2つの要因があった。まず，1990年策定の公共投資基本計画である。これは，貿易摩擦解消のために内需拡大を目的とするもので，当初は1991年度からの10年間で総額約430兆円，計画改定により1995年度から2007年度までで約630兆円の投資規模が謳われた。もう1つが，1991年度からのいわゆるバブル崩壊である。公共投資基本計画とバブル崩壊が相互作用し，景気対策などとして多額の公共事業予算が計上され，繰越明許費も増大するようになった。

ただし，この時期における当初予算での繰越明許費の増加は，それほど大きなものではなかった。1990年度に10.3兆円だったものが，1990年代で最大の1997年度でも13.6兆円であった。1990年代の繰越明許費の特徴は，補正予算での増加にある。1990年代の公共事業関係費は，加重平均で当初予算の31.5%相当の補正予算における追加があった。これは1980年代の加重平均10.1%と比べ明らかに大きい。後の2000年代の11.6%や2010年代の23.7%と比較しても，1990年代の大きさがわかる。例えば1998年度は，当初予算の9.0兆円が補正予算で5.9兆円増額されている。1998年度はその他の費目も補正予算で増額され，繰越明許費は当初予算（12.7兆円）と比べ7.3兆円も増加した。

3-3　リーマンショックと東日本大震災

2000年代に入ると，当初予算・補正予算ともに繰越明許費は減少傾向になり，

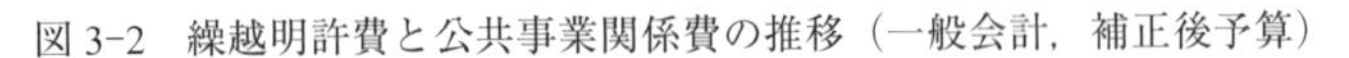
図 3-2　繰越明許費と公共事業関係費の推移（一般会計，補正後予算）

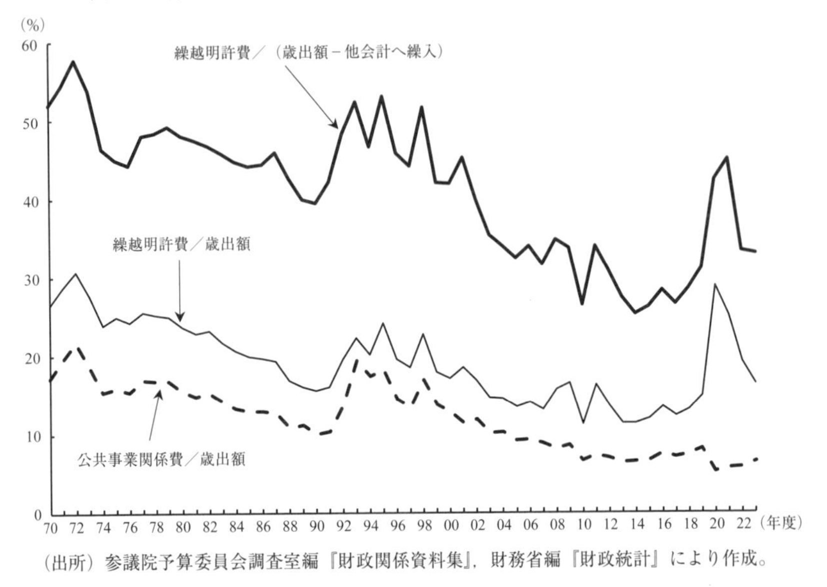

（出所）参議院予算委員会調査室編『財政関係資料集』，財務省編『財政統計』により作成。

同名目 GDP 比も低下した。これは，小泉政権（当時）下での財政再建や公共事業縮小が主な要因である。この時期まで，繰越明許費の増減は公共事業の増減で概ね説明できる（図 3-2）。

また，繰越明許費（補正後）の歳出に占める比率を見ても，同様のことが言える（図 3-2）。補正後予算の歳出額に占める繰越明許費の比率は，1970 年代初頭に 30%近くあったが，バブル景気ピークの 1990 年度には 15.6%まで低下した。その後 1995 年度に 24.2%まで上昇したのち 1999 年度から再び低下傾向になり，2007 年度には 13.1%となった。そもそも繰越明許費が歳出額の 10%強であっても，予算の単年度主義（事前議決の原則）や会計年度独立の原則の例外として考えれば，高い数値と言わざるを得ない。ただし，公共事業関係費の歳出に占める比率の低下は，公共事業関係費の減少だけではなく，高齢化に伴う社会保障関係費の増大，国債発行残高累増に伴う国債費の増大，そして 2000 年代初頭までの地方交付税交付金増大の影響が大きい。これらの費目のうち，国債費（事務取扱費を除く）と地方交付税交付金は全額他会計へ繰り入れられるもので，繰越明許費の対象になったことはない。社会保障関係費も，基礎年金公費負担分など特別会計へ繰り入れる分は，繰越明許費の対象とはならない。そこで，一般会計補正後予算において，繰越明許費を歳出総額から他会計へ繰り入れた分を控除した金額で比率を算出すると，2007年度でも31.6%となり，例外の存在とは言えないことがさらによく理解できる（図3-2）。

こうした公共事業の増減と繰越明許費全体の直接的な因果関係は，リーマンショックと東日本大震災への対応において崩れた。2008・09年度及び2011・12年度は，公共事業関係費の増加では繰越明許費の増加の多くを説明できない。

2008年度は，リーマンショック（2008年）に端を発した世界金融不況への対策として必要な経費を補正予算で追加した。そして，2度の補正予算で繰越明許費が4.0兆円増加した。一方，補正予算における公共事業関係費の増額は0.5兆円に過ぎない。そのすべてが繰越明許費であった定額給付金事業助成費2.0兆円，地域活性化・生活対策推進費0.6兆円，緊急雇用創出事業臨時特例交付金0.2兆円などの補正での増額が，2008年度繰越明許費の補正予算での増加に大きく寄与した。2009年度は，当初予算こそ前年度や前々年度と大きく変わらなかったものの，補正予算で繰越明許費が6.6兆円増加した。公共事業関係費の増額は1.7兆円と大きかったが，繰越明許費の増加幅には遠く及ばない。2度にわたる補正予算での繰越明許費の増額要因としては，地域活性化・公共投資臨時交付金1.4兆円，地域活性化・経済危機対策臨時交付金1.0兆円，環境対応車普及促進対策費補助金0.4兆円，地域情報通信基盤整備推進交付金0.1兆円，子育て応援特別手当交付金0.1兆円などが大きかった。

2011年3月11日に起こった東日本大震災は，日本財政にも多大な影響を及ぼし，繰越明許費もその例外ではなかった。2011年度の4度の補正予算における繰越明許費の増額は，8.9兆円とそれまでの最大規模であった。公共事業関係費は補正予算において合計2.9兆円増額され，公共事業関係費に含まれないその他施設費が0.6兆円増加したものの，繰越明許費の増額幅にはまったく足りない。とくに第3号補正において，東日本大震災復旧・復興を冠した費目が多数計上され，その多くが繰越明許費となった。例えば東日本大震災復興交

付金 1.6 兆円，東日本大震災復旧・復興地域経済活性化対策費 0.5 兆円，東日本大震災復旧・復興廃棄物・リサイクル対策推進費 0.4 兆円，東日本大震災復旧・復興高齢者等雇用安定・促進費として緊急雇用創出事業臨時特例交付金 0.4 兆円，東日本大震災復旧・復興農業施設災害復旧事業費 0.2 兆円，東日本大震災復旧・復興大気・水・土壌環境等保全費 0.2 兆円などである。

このように，リーマンショックや東日本大震災後には，補正予算で積み増された様々な分野の経費が繰越明許費となった。こうした突発事項への対応としてやむを得ない部分はあるが，当時の補正予算の審議期間の短さなどと並んで財政民主主義を蔑ろにするように見える繰越明許費計上の前例ができたとも言える。もちろん，そのすべてが問題とはならないが，本当に補正計上が必要だったか，あるいは繰越明許費にする必要があったか，改めて検証する必要があるだろう。とくに後述のように，それまでと比較して繰越明許費に対する明許繰越の比率（以下，明許繰越の繰越明許費比）が著しく高くなっており，財政民主主義の確保という点で問題含みの措置であったと言わざるを得ない。

3-4　コロナ禍

2013 年度以降，一般会計の繰越明許費は当初予算でやや増加傾向といった程度だったが，補正予算での追加額はいわゆる 15 カ月予算の常態化の影響もあり 1.7 兆円（2014 年度）～3.7 兆円（2016 年度）とリーマンショック前より高い水準で推移していた。ただし，東日本大震災直後に比べれば落ち着いていた。それが一変したのは，2019 年末からの新型コロナウイルス感染症（COVID-19）の影響である。

コロナ禍は，2020 年度補正予算（第 1 号）以降の日本財政に甚大な影響を及ぼした。財政民主主義に反する運用という観点では，巨額の予備費計上や基金の創生や積み増し，補正予算の審議期間の短さなどに加え，繰越明許費の急激な膨張があった。2020 年度補正予算（第 1 号）での繰越明許費の追加には，新型コロナウイルス感染症対策中小企業等持続化給付金 2.2 兆円，サービス産業消費喚起事業給付金 1.4 兆円，新型コロナウイルス感染症対応地方創生臨時交付金1.0兆円，事業環境整備対策費補助金0.6兆円，サービス産業消費喚起事業委託費0.3兆円，健康対策関係業務庁費0.2兆円，新型コロナウイルス感染症緊急包括支援交付金0.1兆円などがあげられる[12]。

2020年度補正予算（第2号）では，それまでその支出内容から対象外だった出資金が繰越明許費になったことが目を引く。日本政策金融公庫出資金6.2兆円，危機対応円滑化業務出資金2.2兆円，商工組合中央金庫出資金0.4兆円，沖縄振興開発金融公庫出資金0.1兆円があげられる。本来出資金は，計画的に対象法人に繰り入れられるもので，繰越明許費に馴染むものではない。それが繰越明許費となったのは，ここでの出資金が事実上の補給金だったからである。そして，出資金とした理由は，補給金では赤字国債の発行を余儀なくされるが，出資金ならば建設国債の対象だからであろう。実質的な補給金を出資金としたケースとして，旧宇宙開発事業団への出資金などがある。この他，新型コロナウイルス感染症緊急包括支援交付金2.2兆円，新型コロナウイルス感染症対策中小企業等家賃支援給付金2.0兆円，新型コロナウイルス感染症対応地方創生臨時交付金2.0兆円，新型コロナウイルス感染症対策中小企業等持続化給付金1.9兆円，健康対策関係業務庁費0.4兆円，中小企業経営支援等対策委託費0.2兆円などが繰越明許費として増加された。

2020年度補正予算（第3号）では，産業技術実用化開発事業費補助金2.1兆円，新型コロナウイルス感染症対応地方創生臨時交付金1.5兆円，新型コロナウイルス感染症緊急包括支援交付金1.3兆円，中小企業等事業再構築促進補助金1.1兆円，観光・運輸業消費喚起事業給付金と観光・運輸業消費喚起事業委託費あわせて1.0兆円，新型コロナウイルスワクチン接種対策費負担金0.4兆円，生活困窮者就労準備支援事業費等補助金0.4兆円，新型コロナウイルス感染症医療提供体制確保支援補助金0.2兆円などが繰越明許費として増額となった。補正予算（第2号）同様の出資金では，日本政策金融公庫出資金2.4兆円，科学技術振興機構出資金0.5兆円が増額となり，そのほか経営安定関連保証等基金

12）　特別定額給付金（12.9兆円）など，繰越明許費に計上されていないものも多かった。

補助金 0.8 兆円といったものもあった。これらのほかに，公共事業関係費の 3 次にわたる増加 2.4 兆円などもあり，当初予算において 11.7 兆円だった繰越明許費は，最終補正後にはその 3 倍強の 38.9 兆円が追加され 50.6 兆円まで膨張した。これは，一般会計歳出総額の 28.8%，他会計へ繰入を除いたものとの比で見れば 42.3%に達する。

こうした巨額の繰越明許費の計上は翌 2021 年度も同様で，補正後のベースで一般会計歳出総額の 25.1%，他会計へ繰入を除いたものとの比 45.0%であった。その後，2022・23 年度の繰越明許費は減少・低下傾向にあるものの，コロナ禍前の水準には遠い。また，当初予算での繰越明許費は 2021 年度以降 2024 年度まで増加傾向が続いている。

4. 明許繰越の実態――決算の推移と内訳

4-1　明許繰越の推移

ここでは，予算における繰越明許費が実際に繰り越された決算上の明許繰越について，推移や内訳などの分析を行う。

明許繰越の決算額や名目 GDP 比の推移は，一般的に予算における繰越明許費と近い動きをする（図 3-3）。とくに金額の増加や名目 GDP 比の上昇の方向性は，第 1 次石油危機時，バブル崩壊後，リーマンショック後と東日本大震災後，コロナ禍で共通する。ただし詳細に見ると，第 2 次石油危機時の増額幅が繰越明許費に比べ明許繰越がかなり少ないこと，バブル崩壊後やリーマンショック後と東日本大震災後，コロナ禍における名目 GDP 比が繰越明許費よりも明許繰越の上昇が大きいことなどの違いがある。とくに，繰越明許費と比べた東日本大震災後とコロナ禍での明許繰越の増額幅が，他の時期よりも著しく大きい。これは，繰越明許費には含まれない各種予備費が，補正予算を経ずに閣議決定で使用された際，その事業が繰越明許費の対象だった場合，年度内に支出されないと明許繰越になるため，前述のように各種予備費が多額計上されたコロナ禍では，明許繰越の増加幅がより高くなっている。

こうした要因などから，明許繰越の繰越明許費比の長期にわたる上昇傾向と，大きな出来事のあった時の急上昇を指摘できる（図3-4）。明許繰越の繰越明許費比は，1970年度の3.3%から1990年代初頭まで，第1次石油危機時を除き10%を下回っていた。それがバブル崩壊後の1990年代には20%超，リーマンショック後30%超，東日本大震災後の2012年度に50%超，そしてコロナ禍の2020～22年度には60%前後の水準まで達している。

次に，歳出予算現額から前年度繰越額を控除したもののうち，明許繰越になった割合を見てみよう。なお，前年度繰越額を控除する理由は，制度上明許繰越にならないからである。歳出予算現額（前年度繰越額を除く）に対する明許繰越の比率（以下，実繰入率）も，明許繰越の繰越明許費比と同様の傾向を示している。長期的な上昇傾向と，突発的な出来事が発生し大型の補正予算を組んだ年度における比率の高さが顕著である。上昇傾向はやはり1990年代からである。その後の上昇傾向は明許繰越の繰越明許費比と同様だが，東日本大震災後の動きはそれほどではない一方，コロナ禍での上昇率は明許繰越の繰越明許費比を

図3-3　一般会計明許繰越の推移

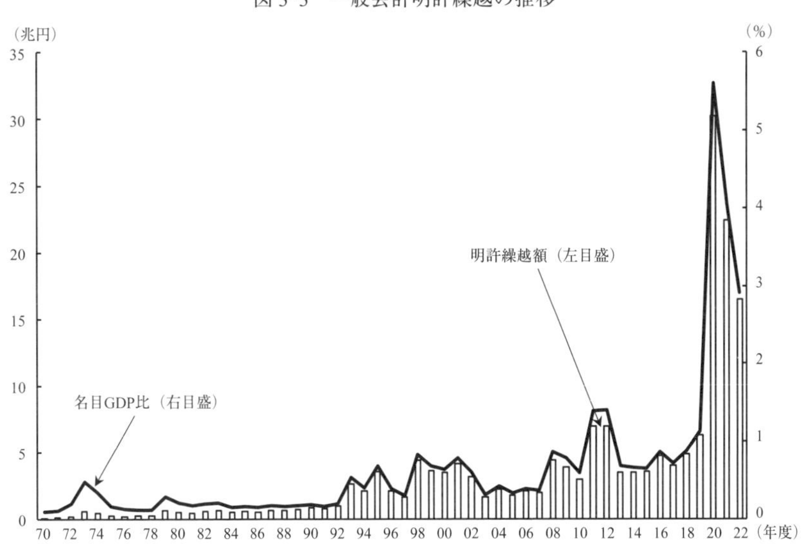

（注）名目GDPは，1979年度まで1968SNA，1980～93年度は2015SNA（簡易遡及），1994年度以降は2015SNA。

（出所）各年度決算書，内閣府経済社会総合研究所編「国民経済計算年次推計」，総務省統計局監修『日本長期統計総覧』により作成。

図 3-4　明許繰越の繰越明許費比と歳出予算現額（前年度繰越額を除く）比（一般会計）

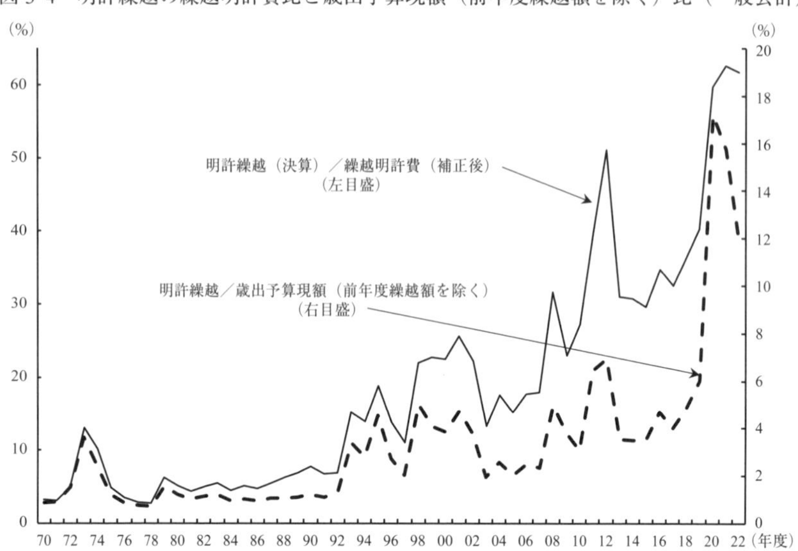

（注）明許繰越には予備費使用や流用等増減によるものも含まれるため，仮に繰越明許費（補正後）が全額明許繰越になると 100%超になる可能性がある。
（出所）各年度決算書，参議院予算委員会調査室編『財政関係資料集』により作成。

上回る。1980 年代まで 1%程度，その後上昇したがそれでも 5%程度だった実繰入率は，2020 年度に 17.2%まで達した。

4-2　増大の要因と課題―― 15 カ月予算の常態化

明許繰越の繰越明許費比や実繰入率上昇の要因を考えてみよう。まず構造的な要因として，15 カ月予算の常態化と大規模化をあげることができる。例えば 2022 年 11 月 9 日の『日本経済新聞』では，「第 2 次安倍政権以降は「15 カ月予算」として，翌年度の当初予算との一体編成が通例となった。概算要求も「補正含み」で求めるのが暗黙の了解となった。」[13] と評している。ただし注意しなければならないのは，15 カ月予算そのものは従来からあったことである。同じ『日本経済新聞』の記事で見ると，「15 カ月予算の一環　補正予算の特色」[14]

13）『日本経済新聞』2022 年 11 月 9 日朝刊，5 頁。
14）『日本経済新聞』1949 年 11 月 15 日朝刊，1 頁。

という解説記事が1949年11月15日に掲載され，1949年度補正予算に関して15カ月予算という用語が使用されている。また，国会会議録でも1950年12月1日に1950年度補正予算に関連して，15カ月予算という用語の使用が確認できる[15)]。このように，年度末に近い時期に成立した補正予算と翌年度の当初予算を一体的に運用する15カ月予算そのものは，古くからあった。

しかし，少なくとも2000年代まで15カ月予算は「通例」ではなく単発的なものだった。また，15カ月予算を謳った補正予算の規模が，当該年度の対当初予算比で上昇している。15カ月予算と称する際，とくに注目されるのは公共事業関係費である。公共事業関係費において，最終的に成立した予算額に占める補正予算追加額の割合は，1970年度は追加なし，1980年度2.1%，1990年度11.4%，2000年度17.8%と上昇傾向が続き，リーマンショック後の2009

図3-5　公共事業関係費における補正予算追加額の当初予算比

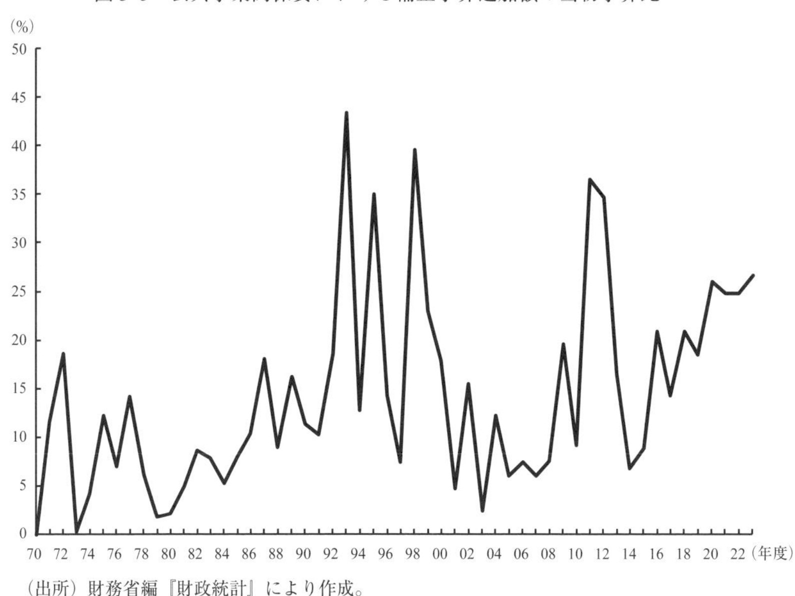

（出所）財務省編『財政統計』により作成。

15）1950年12月1日の参議院予算委員会における公述人内海丁三（時事新報編集局長）による。

年度に19.5%，東日本大震災後の2011年度は36.4%。コロナ禍前の2016年度に20.9%，コロナ禍後は20%超を続けている（図3-5）。藤井（2018）は「財政法第29条は「予算作成後に生じた事由に基づき特に緊要となつた経費の支出」が必要な場合などに，補正予算を編成できる場合を限定しているが，この要件に合致しない補正予算が編成されているのではないかとの指摘は多い。」[16] として大規模補正予算の常態化に対して警鐘を鳴らしている。

4-3　増大の要因と課題――転移効果

突発的な出来事に対応した補正予算を中心に，明許繰越の繰越明許費比や実繰入率の上昇要因として，そもそも予算の単年度主義（事前決議の原則）や会計年度独立の原則といった財政民主主義を支えるルールの軽視があげられる。これは，国庫債務負担行為の膨張や突発的な出来事に対応する補正予算の審議期間の短さなどとも符合する。

こうした事象の端緒として，突発事項に直面した状況下の予算審議において，非常事態だから審議が短期間でも仕方がない，という動きがあった。2010～23年度で23回あった補正予算の国会提出から参議院議決までの期間は，平均13日であった。そのなかでとりわけ短いものの1つが，2011年度補正予算（第1号）の5日間（2011年4月28日提出，5月2日参議院議決）であった。これは，2011年3月11日発生の東日本大震災に対応する最初の補正予算審議である。審議冒頭の財政演説において野田佳彦財務大臣（当時）は，「東日本大震災からの早期復旧に向け，年度内に必要と見込まれる経費を計上」[17] と述べ，審議期間の短さはやむを得ないということで与野党ともに補正予算案に賛成した。

しかしそれが前例となり，コロナ禍での2020年度補正予算（第1号）では審議冒頭の財政演説において麻生太郎財務大臣（当時）が「御審議の上，速やかに御賛同を賜りますようよろしくお願いを申し上げます。」[18] と述べ，提出か

16）藤井（2018），16頁。
17）『国会会議録』第177回国会衆議院本会議第17号，平成23年4月28日，5頁。
18）『国会会議録』第201回国会衆議院本会議第21号，令和2年4月27日，2頁。

ら参議院での議決までが4日間（2020年4月27日提出，4月30日参議院議決）しかなかった。しかしその補正予算案は，特別定額給付金の内容をめぐって4月7日に閣議決定されたものを4月20日に変更して再び閣議決定したもので，本当に審議期間を極端に短縮してまで早急に成立させなければいけなかったのか大いに疑問が残る。また，補正予算には新型コロナウイルス感染症拡大収束後の官民一体型の消費喚起キャンペーン実施経費や生産拠点の国内回帰支援に必要な経費など強靱な経済構造構築の費用まで含まれていた。さらに同年度の補正予算（第2号）の審議期間も5日間（6月8日提出，6月12日参議院議決）という極めて短いものであった。巨額で様々な分野の支出を含めた補正予算を計上しながら，異例の短期間審議で通すことは財政民主主義の観点から回避すべきであることは言うまでもない。しかし，前例があってしかも東日本大震災直後とコロナ禍では政権与党が異なっていた。短期間の予算審議が，甘い予算査定につながる可能性も否定できない。実際，繰越明許費の膨張に加え実繰越率などの上昇は顕著である。

突発事項による経費膨張とその後の高い支出水準については，ピーコック＝ワイズマン（Alan Peacock & Jack Wiseman）の転移効果（Displacement Effect）を想起できよう。ピーコック＝ワイズマンはイギリスを例に主に戦争による一時的な経費の膨張が，戦前に比べ戦後の歳出規模の増大につながることを実証した。もちろん，戦時中の増税や戦後の公債償還の必要性などピーコック＝ワイズマンの指摘した状況と昨今の日本財政の状況はまったく異なるものの，突発事項による繰越明許費の膨張などに通じるものがあるというのは言い過ぎだろうか。

4-4　増大の要因と課題――巨額予備費の無理な使用

財政民主主義を軽視した結果としての明許繰越の増大ということでは，各種予備費の膨張との関係も指摘できる。予備費は事前決議の原則の例外で，事後に国会の承諾を求められるが仮に否決されても執行の効力は失わない。予備費は金額に法的制約はないが計上しないことも可能で，巨額の予備費計上は憲法の趣旨に反する。コロナ禍前，1970年度以降の一般会計の予備費は2018年度まで0.35兆円（1991年度のみ0.15兆円），2019年度以降0.5兆円で，公共事業等予備費などその他予備費は1999～2001年度，2009～12年度に計上されたが規模は0.3兆円から1.0兆円であった。しかしコロナ禍の2020年度一般会計補正予算において，新型コロナウイルス感染症対策予備費11.5兆円が計上されたのを皮切りに，その後も多額の各種予備費が計上されているのは上述の通りである。これらは，明らかに憲法の趣旨に反し事前決議の原則を軽視したものである。

ここでは，執行状況の確認できる2021年度と2022年度における新型コロナウイルス感染症対策予備費等について見てみよう（表3-1）。2021年度新型コロナウイルス感染症対策予備費は，5回の閣議決定を経て使用された。その最後は年度末の3月25日で，予備費使用額1.5兆円の24.9％が繰り越された。2022年度は補正予算での予備費等の追加もあり，4回の閣議決定により使用された。うち3回は年度前半だったが，使用額4.9兆円の13.1％が繰り越された。とくに問題は最後の予備費使用である。閣議決定は3月28日で，2.2兆円の79.1％が繰り越された。とくに新型コロナウイルス感染症対応地方創生臨時交付金の1.2兆円は，全額が明許繰越となった。なお，補正予算で新たに計上さ

表3-1　2021･22年度の新型コロナウイルス感染症対策予備費等の執行状況

（単位：億円）

	閣議決定日	事　項	予備費使用額	支出済額	繰越額	不用額
2021年度新型コロナウイルス感染症対策予備費	4月30日	新型コロナウイルス対応地方創生臨時交付金	5,000	3,198	1,786	15
	5月14日	ワクチンの確保	5,120	5,119	－	－
	8月27日	ワクチン接種の促進など7件	14,226	12,574	1,612	35
	11月26日	子育て世帯に対する給付	7,311	7,073	152	85
	3月25日	ワクチンの確保など5件	14,529	10,916	3,611	－
2022年度新型コロナウイルス感染症及び原油価格・物価高騰対策予備費	4月28日	新型コロナウイルス感染症対応地方創生臨時交付金など8件	11,170	8,839	1,793	530
	7月29日	電気利用効率化促進対策事業など2件	2,572	626	1,938	4
	9月20日	燃料油価格の激変緩和事業など7件	34,846	31,151	2,649	1,040
	3月28日	新型コロナウイルス感染症対応地方創生臨時交付金など6件	22,226	4,652	17,572	0

（注）2022年度のウクライナ情勢経済緊急対応予備費1兆円は，全額不用となった。
（出所）財務省編『財政統計』により作成。

れたウクライナ情勢経済緊急対応予備費の1兆円は，全額が不用となる始末であった。

このように，事前決議の例外である各種予備費を当初予算や補正予算で多額計上し，最初から年度内に支出することが想定されていないものも含めて事前決議なく形式的に繰越明許費対象事業にそれを使用し，明許繰越として実際は翌年度に執行している。これは，予算の単年度主義（事前決議の原則）や会計年度独立の原則といった財政民主主義の規定に反する動きであり，看過できない。

4-5　主要経費別分類による明許繰越の推移

次に，1990年度以降2022年度までの決算書から，明許繰越を主要経費別に分類して分析してみよう（表3-2）。まず，明許繰越が1990年度以降まったくない主要経費は，国債費と地方交付税交付金等（地方交付税，地方特例交付金，地方譲与税）である。この両費目は，国債費の事務取扱費を除き一定の金額を特別会計に繰り入れるもので，その性格上繰越明許費にならない。2007年度まで存在していた産業投資特別会計へ繰入も，2001年度を例外として明許繰越がない。2001年度の産業投資特別会計へ繰入は，補正予算（第2号）においてNTT株売却収入活用のための改革推進公共投資特別措置財源として2.5兆円増額補正された際，繰越明許費に計上されその多く（2.0兆円）が明許繰越となったという特殊事情による。

エネルギー対策費は，1998年度まで明許繰越がなく，その後しばらく計上年度とそうでない年度とあったが，2008年度以降は毎年度計上されるようになった。同様に食料安定供給関係費も1990年度から2000年度までは計上されたのが4年だけだったが，2001年度以降は計上が恒常化し，しかも2016年度からは1,000億円超となっている。

その他の主要経費は，1990年度以降，常に明許繰越が計上されている。ただし，より詳細に見ると経費の内容によって計上の規模などが異なる。公共事業関係費は，バブル崩壊後の1993年度以降常に明許繰越が1兆円以上と金額が大きく，景気動向や災害などに伴う補正予算の影響で変動している。2003

表 3-2　明許繰越の主要経費別分類の推移（一般会計）

（単位：億円）

年　度	1990	1991	1992	1993	1994	1995	1996	1997	1998	1999	2000	2001	2002	2003	2004	2005	2006	2007
社会保障関係費	421	421	432	493	667	749	873	835	3,336	3,119	2,649	947	1,823	415	410	1,227	669	332
文教及び科学振興費	87	69	268	817	182	1,240	445	217	1,656	1,104	897	562	2,019	203	937	1,505	2,820	2,944
国債費	–	–	–	–	–	–	–	–	–	–	–	–	–	–	–	–	–	–
恩給関係費	735	660	420	289	382	536	573	558	380	311	376	430	333	212	111	69	59	101
地方交付税交付金等	–	–	–	–	–	–	–	–	–	–	–	–	–	–	–	–	–	–
防衛関係費	540	484	316	354	312	270	524	444	404	419	499	511	508	489	588	656	1,030	1,495
公共事業関係費	5,422	4,705	6,391	20,206	15,972	28,561	15,950	11,430	29,846	26,175	25,252	15,330	22,926	11,645	17,620	12,004	12,636	12,740
経済協力費	935	1,068	1,132	1,176	1,185	1,116	1,269	1,297	1,598	1,103	1,008	961	985	1,344	775	560	620	577
中小企業対策費	2	3	2	1	5	1	0	2	103	277	83	92	76	40	33	15	30	20
エネルギー対策費	–	–	–	–	–	–	–	–	–	625	–	–	63	2	2	0	–	–
食料安定供給関係費	0	1	0	–	–	–	–	–	5	–	–	227	264	113	131	94	86	76
産業投資特会へ繰入	–	–	–	–	–	–	–	–	–	–	–	19,557	–	–	–	–	–	–
その他の事項経費	292	245	635	2,855	1,907	2,970	1,416	1,264	6,552	3,130	3,593	2,332	2,382	1,532	1,665	1,531	2,741	1,460
合　計	8,433	7,656	9,595	26,191	20,612	35,442	21,049	16,046	43,879	36,263	34,357	40,952	31,379	15,995	22,273	17,663	20,692	19,746

年　度	2008	2009	2010	2011	2012	2013	2014	2015	2016	2017	2018	2019	2020	2021	2022
社会保障関係費	1,244	933	2,697	1,217	1,447	1,056	982	6,034	5,247	1,750	1,494	2,629	44,141	37,505	18,565
文教及び科学振興費	3,975	4,973	2,614	5,290	9,011	3,550	2,009	1,263	3,534	2,217	2,717	6,080	6,707	6,648	6,343
国債費	–	–	–	–	–	–	–	–	–	–	–	–	–	–	–
恩給関係費	31	16	10	13	3	1	0	1	0	0	0	0	0	6	0
地方交付税交付金等	–	–	–	–	–	–	–	–	–	–	–	–	–	–	–
防衛関係費	1,127	840	1,077	1,808	1,513	1,486	1,382	1,536	1,993	2,032	2,495	2,428	2,720	2,666	5,037
公共事業関係費	12,925	13,630	17,550	29,406	34,399	18,264	17,742	18,745	26,044	24,849	30,674	37,266	44,911	37,357	36,497
経済協力費	452	581	336	505	864	844	894	1,003	1,022	866	797	691	894	677	978
中小企業対策費	48	419	239	1,443	85	113	652	1,476	2,132	1,918	2,200	912	113,872	30,179	1,058
エネルギー対策費	4	19	3	313	372	19	5	15	0	40	31	47	15	4	1,957
食料安定供給関係費	240	275	269	1,936	449	438	1,176	535	1,718	1,255	1,460	1,927	4,562	3,480	3,687
その他の事項経費	24,060	17,171	4,875	27,399	21,566	8,973	9,733	4,557	5,151	4,862	6,687	10,989	84,549	87,725	90,884
合　計	44,107	38,857	29,669	69,329	69,710	34,745	34,575	35,165	46,843	39,787	48,555	62,970	302,371	206,246	165,007

（注 1）食料安定供給費は，1995 年度まで食糧管理費，1996～2000 年度は主要食糧関係費。
（注 2）各種予備費及び各年度決算不足補てん繰戻は性格上明許繰越がなく省略。産業投資特別会計へ繰入は 2007 年度まで。
（出所）各年度決算書により作成。

図 3-6　明許繰越の主要経費別構成比の推移（一般会計）

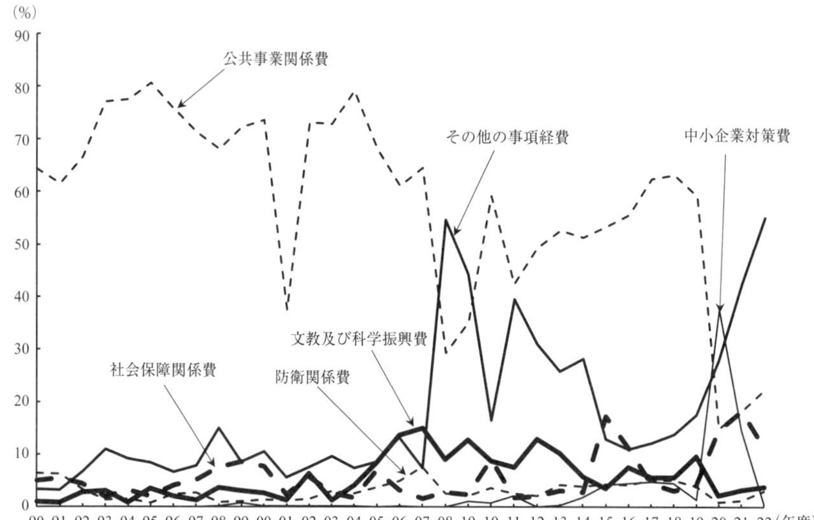

（注）実績のない国債費と地方交付税交付金等，そして多くの年度で金額の少ない恩給関係費，エネルギー対策費，食料安定供給関係費，産業投資特別会計へ繰入は省略。
（出所）各年度決算書により作成。

年度までの調整費を除き公共事業関係費のすべての内訳経費で明許繰越があるのは，費目の性質上当然かもしれない。主要経費別の構成比の推移を見ると（図 3-6），2000 年代中頃まで公共事業関係費が明許繰越全体の 7 割程度を占めていた。その間，2001 年度のみ 37.4% と大きく落ち込んでいるのは，前述の産業投資特別会計へ繰入があったためである。リーマンショック後や東日本大震災後，そしてコロナ禍で大きく落ち込んでいるのは，その他の事項経費の急増，社会保障関係費や文教及び科学振興費の増加，そして中小企業対策費の一時的増加などが原因である。

恒常的に明許繰越はあるものの比較的増減の大きい文教及び科学振興費のなかで，義務教育費国庫負担金は 1990 年度以降明許繰越がなく，育英事業費も 2005・08・09 年度を例外に 2013 年度まではなかった。社会保障関係費も比較的明許繰越の規模が大きい。ただし，社会福祉費（2016 年度以降は生活扶助等社会福祉費）や保健衛生対策費は明許繰越が恒常化しているのに対して，失業対策費（2009年度以降は雇用労災対策費）は1998～2000年度と2020年度以降を除きなかった。また，かつての社会保険費，年金医療介護保険給付費，そして現在の年金給付費・医療給付費・介護給付費は2000・06・08年度を例外として2016年度まで明許繰越がなく，2016年度にできた年金給付費及び少子化対策費は2022年度まで明許繰越がない。一方，介護給付費は2017年度以降，医療給付費は2019年度以降明許繰越が恒常化している。このように，コロナ禍前より明許繰越が恒常化している費目が増えた。

比較的安定的に推移しているのは，防衛関係費と経済協力費だろう。とはいえ，防衛関係費のコロナ禍とくに2020年度の増加は顕著である。ただし，構成比を見ると他の費目の増加がより顕著なため目立たない。経済協力費は，長期的になだらかな減少傾向にある。同様に減少傾向にある恩給関係費について，恩給支給事務費は1990年度以降，文官等恩給費は1996年度以降実績がなく，2013年度以降は旧軍人遺族等恩給費も計上されず，明許繰越は遺族及び留守家族等援護費のみとなっている。これは，恩給の対象者の減少が原因である。

明許繰越の増減が最も激しいのは，その他の事項費である。1998年度の6,552億円を除けば，2007年度まで1,000億円台から多くとも3,000億円台だった。それが2008年度に2.4兆円となったのは，補正予算（第2号）における定額給付金給付事業助成費のうち1.8兆円が明許繰越となった影響が大きい。2009年度は地域活性化関連の3つの推進費1.1兆円，2011年度は東日本大震災復興交付金1.3兆円，2012年度は地域経済活性化・雇用創出臨時交付金1.4兆円が明許繰越額を押し上げた。2020年度は新型コロナウイルス感染症対応地方創生臨時交付金5.3兆円と観光振興費1.1兆円，2021年度に新型コロナウイルス感染症対応関連の3つの交付金と推進費で4.7兆円と電子政府・電子自治体推進費1.3兆円，2022年度はエネルギー価格激変緩和対策事業費補助金5.6兆円と新型コロナウイルス感染症対応関連の3つの交付金・推進費2.4兆円などが明許繰越となった。このように，その時々の巨額の各種対策費が補正予算で繰越明許費として計上され，多くが明許繰越となった結果である。しかも，コロナ禍では各種予備費の使用も多く含まれ，財政民主主義を重視しない形のものが大きかったと言わざるを得ない。

なお，中小企業対策費は景気後退期などに増加しているが，顕著なのはコロナ禍の 2020 年度の急増である。これは，日本政策金融公庫出資金が補正予算で増額され繰越明許費となり，中小企業対策費として 5.0 兆円の明許繰越になったことや，中小企業事業環境整備費 3.3 兆円の明許繰越が大きく，本格的なコロナ禍初年度の混乱と予算の単年度主義など本来のルールを軽視した結果と言えるだろう。

おわりに

予算の単年度主義（事前決議の原則）や会計年度独立の原則の例外である繰越明許費は，公共事業などでの効率性の確保や事業の円滑な進捗に有効であり，一定の存在意義を見出すことができる。しかし，あくまで例外の存在であり，効果が確実に見込まれる事業に対する抑制的な運用が望まれることは言うまでもない。一方，実際の運用を見れば，古くは第 1 次石油危機後，そしてバブル崩壊後に公共事業を中心として繰越明許費そして明許繰越が増加した。また，リーマンショックや東日本大震災を機に公共事業以外の事項でも繰越明許費が膨張した。さらにコロナ禍において，各種予備費の使用を含め繰越明許費や明許繰越が莫大なものとなった。とくに予備費使用による明許繰越の膨張は，予備費という本来のルールの例外に明許繰越という例外を重ねたものである。このように，突発事項を機に財政民主主義を軽んじる前例が形成されていった。

効率性を無視するのは限られた財源で運営しなければならない日本財政にとって望ましくないが，いたずらに民主主義を支えるルールを曲げることも間違っている。とくに突発事項に対応する時ほど，注意が必要である。大規模な繰越明許費及び明許繰越が維持されている要因として，公共事業を中心とする 15 カ月予算の恒常化とその規模の大きさがあげられる。一度大規模な補正予算を年度末に組むと，翌年度も同様の規模の補正予算を組まなければ景気に負の影響を及ぼしかねない。本来は当初予算で規模や配分を調整すべきものでも，当初予算の規模や配分を維持し補正予算において対処するようになっている。

経済危機や震災，コロナ禍における繰越明許費としては，出資金への繰越明許費，大規模な補正予算における各種施策への繰越明許費計上，年度内消化が見込めない事業にもかかわらず各種予備費を年度末に繰越明許費対象事業に使用し，結局明許繰越になるといった事柄を指摘できる。とくに非常事態だから何でもあり，という方策の一環として繰越明許費を使用すべきではない。

もちろん繰越明許費のあり方の見直しは，15 カ月予算，各種予備費，予備費使用，出資金の対象，出資金の財源，景気対策の予算化などのあり方とあわせて改めなければならない。財政民主主義の軽視は，大変危険であることをわれわれは自覚すべきではなかろうか。

参考文献

明石順平（2023）『全検証　コロナ政策』角川新書。

浅野一郎編（1999）『国会と財政』信山社出版。

浅羽隆史（2021a）「国庫債務負担行為の債務性と実態分析」『証券経済研究』第 113 号，89-106 頁。

浅羽隆史（2021b）「地方財政における債務負担行為と継続費の実態とあり方」関野満夫編著『中央大学経済研究所研究叢書 78　現代地方財政の諸相』中央大学出版，57-85 頁。

碓井光明（1996）「財政の民主的統制」『ジュリスト』1089 号，143-150 頁。

碓井光明（2006）「複数年度予算をめぐる論点整理と展望」日本財政法学会編『複数年度予算制と憲法』敬文堂，72-97 頁。

宇野重規（2020）『民主主義とは何か』講談社。

大蔵省財政史室編（1996）『昭和財政史　昭和 27～48 年度　第 4 巻予算（2）』東洋経済新報社。

会計検査院（2016）『平成 27 年度決算検査報告』会計検査院。

加藤芳太郎（2008）『予算論研究の歩み』敬文堂。

桑原誠（2021）「繰越制度に関する論点」『経済のプリズム』197 号，23-38 頁。

小村武（2016）『五訂版　予算と財政法』新日本法規。

財務省財務総合政策研究所財政史室編（2004）『昭和財政史　昭和 49～63 年度　第 2 巻予算』東洋経済新報社。

財務省財務総合政策研究所財政史室編（2013）『平成財政史　平成元～12 年度　第 2 巻予算』大蔵財務協会。

財務省主計局司計課（2020）『繰越しガイドブック《改訂版》』財務省主計局司計課。

神野直彦（2021）『財政学　第 3 版』有斐閣。

高田英樹（2009）「繰越制度とは―予算執行の効率化の観点から―」『ファイナンス』

2009 年 7 月号，7–12 頁。
日本経済新聞社編（2023）『国費解剖　知られざる政府予算の病巣』日経 BP。
林正義（2023）「予算論の現在と今後」『会計検査研究』第 67 号，5–12 頁。
藤井亮二（2018）「70 年を迎えた「財政法」制定過程と国会での議論」『経済のプリズム』No. 165，1–37 頁。
藤井亮二（2023）「補正予算に計上される多額の基金予算」『白鴎法学』30 巻 1 号（通号 61 号），211–240 頁。
待鳥聡史（2003）『財政再建と民主主義　アメリカ連邦議会の予算編成改革分析』有斐閣。
山田邦夫（2004）「シリーズ憲法の論点④財政制度の論点」『調査資料』2004–1–d，国立国会図書館調査及び立法考査局。
山之内光躬（1995）『民主主義財政論の生成』成文堂。
Peacock, Alan & Jack Wiseman（1961）, *The Growth of Public Expenditure in the United Kingdom*, Princeton U.P..
Przeworski, Adam（2019）, *Crises of Democracy*, Cambridge University Press.（吉田徹・伊﨑直志訳（2023）『民主主義の危機―比較分析が示す変容』白水社）。

第 4 章

人口減少と都道府県への地方交付税配分についての考察

中 島 正 博

は じ め に

本章の課題は，都道府県財政の歳入のうち大きな部分を占める地方交付税（普通交付税）について，人口増減との関係を検討することである。

日本の総人口は2008年から減少局面に入ったとされる。人口減少が進むと，地方自治体の財政に対して歳入，歳出両面で大きな影響が出ることが予想されるが，じっさいに人口減少が財政に対してどの程度影響するかについては，管見のところ，詳細に検討されることが少ないように思われる。その理由としては，歳入を規定する経済の状況が自治体によって異なることとともに，日本全体としては人口減少であっても，個々の自治体レベルで見ると今なお人口増の自治体も存在するということも大きいと考えられる。

そこで，本章では，2007（平成19）年度と2016（平成28）年度を検討時期とし，都道府県を人口増減の度合いでグルーピングして，基準財政収入額と基準財政需要額のそれぞれの増減の傾向を検討することにしたい。この2時点を選んだのは，総人口の人口減少局面がはっきりしてきたこととともに，地方交付税制度に大きな変更がないからである。2007年はいわゆる「新型交付税」の始まりの時期であり，2017年度には，義務教育教員の給与の負担制度が変更となり，政令市立の諸学校については，その教職員の給与負担が都道府県から政令市に移るとともに基準財政需要額の算定方法も変更になり，同時に住民税の一部が当該県から政令市に税源移譲された。なお，一般に都道府県財政の検討においては東京都が除外されるケースが多いが，2時点間の比較であることから，以下では，東京都を含めた47都道府県について分析する。

第1節では，人口増減と地方財政の関係での先行研究を整理する。第2節では，都道府県を人口増減でグループ分けしそれぞれのグループごとに基準財政収入額の変化について，第3節では，同様に基準財政需要額の変化について検討する。おわりにでは，まとめを行う。

1. 人口減少と地方財政

人口減少が地方財政に与える影響については，『平成20年度　経済財政白書』の第3章第4節に，おおむね，以下のようにとりまとめられている。

人口減少下で，これまで国から地方への歳出移転としての役割もあった公共事業が削減されてきたが，高齢化による社会保障給付の充実がそれに代わり，国から地方への移転としての役割を担うようになっている。一方，税収においては，法人住民税や法人事業税が急速に回復しており，財政力に格差が拡大していたが，高齢化の進展の中で，地方においても，引き続き安定した公共サービスを提供し続けることが求められるとして，消費税・地方消費税率のアップが期待されるところである，という内容であった。

たしかに大きな傾向としてはそういう指摘になるだろう。しかし，一方で，47都道府県，約1,800の市町村ごとに経済力や少子・高齢化の状況が異なり，財政状況はさまざまである。

市についてであるが，前川（2017）は，東京23区を除く790市の2013年度普通会計決算について，1人当たりの地方税，歳出及び地方交付税のモデルを構築し，2040年の都市財政を予測している。結論として，人口減少，労働力人口（15～65歳未満人口）の減少は地方税額の減少につながる一方，65歳以上人口割合の増加は歳出額を増加させ，1人当たりの地方交付税額も増加するとしている。

表 4-1　夕張市の人口と地方税収，地方交付税の推移

（単位：人，百万円）

	国勢調査人口（人）	地方税収（百万円）	地方交付税（百万円）
1995 年度	17,116	1,270	7,294
2000 年度	14,791	1,114	6,801
2005 年度	13,001	947	4,360
2006 年度		939	4,324
2007 年度		1,061	4,225

（注）地方交付税には特別交付税も含まれる。
（出所）夕張市資料（ホームページ）による。

これまで，貝塚ほか（1986）をはじめとして，地方交付税（普通交付税）は人口と面積で説明可能であるとされてきた。少子・高齢化という事情ではないが，炭鉱閉山以降，人口流出が続いていた夕張市の例を見ると（表 4-1），人口減少にともない，地方税収も地方交付税も減少している。夕張市の「財政破綻処理」は 2006 年の年明けから庁内で議論されていたようだが[1)]，2005 年度決算は黒字基調だったにもかかわらず，前回調査時と比べ人口減少になった 2005 年国調人口が反映する 2006 年度の算定により地方交付税が引き続き大幅に減少することが予想されたことが，破綻処理を迫られた一因になったものと思われる（もっとも，表 4-1 に示したように，じっさいは減額しなかった）。

このような先行研究があるが，地方交付税（普通交付税）は，自治体ごとに計算される基準財政需要額と基準財政収入額との差でもって算定されるから，人口減少と，基準財政収入額と基準財政需要額のそれぞれの減少度合いの関係を考えることが必要ではないかと考えられる。

そこで中島（2022）では，町村に着目し，2007 年度と 2017 年度の 2 時点間について町村を人口増減の度合いによってグループ分けをしたうえで，基準財政収入額及び基準財政需要額との関連を検討した[2)]。まず，期間中，町村全体

1）梅原（2010）178 ページによると，北海道新聞取材班『追跡・「夕張問題」』講談社，2009 年を時系列で整理し，2006 年 2 月に市長と副市長が総務省に特別交付税の陳情をした際，「なにか特別な支援策をとってもらわないとたいへんなことになる」と言ったという。

2）2007 年度と 2017 年度の 2 時点間に合併した町村を除外した 923 町村について比較した。

としては，約1割の人口減少があること，基準財政収入額については0.6%の減少にとどまっている一方，基準財政需要額は8.3%の増加となっていたことがわかった。

さらに人口増減との関係について見ると，人口増減と基準財政収入額の増減には相関があるものの（相関係数は0.552），人口減少幅に比べて基準財政収入額の減少幅は緩やかであった。なお，人口増の136町村では，基準財政収入額は10.9%の増加となっている。一方，基準財政需要額については，人口増減と基準財政需要額の増減には相関がある（相関係数は0.681）。人口減少局面でも，基準財政需要額は増加している傾向があるのである。

この要因について考えてみたところ，基準財政収入額については，町村では固定資産税の割合が大きいこと，人口によって配分される地方消費税交付金（2014年の税率引き上げに際し，引き上げ分は人口のみで案分）が減少幅を下支えしていることが考えられるとした。また基準財政需要額については，絶対数として高齢者数が減少している自治体があるものの，そもそも高齢者保健福祉費など高齢化に対応する経費の伸びが大きく，人口減少している町村に対しても厚く配分されたこと，リーマンショック以降の地域経済対策費や地方創生関係経費が配分されたことによるのではないかと推論した。しかし，個別の町村においては基準財政収入額と基準財政需要額の額のみが容易に入手できる資料であり，その制約から，この2時点間の人口増減の詳細な影響とその要因分析にまでは検討が至らなかった[3)]。

さて，都道府県については，各年版の『地方交付税等関係計数資料』において，全都道府県の算定項目別の数値が公表されている（平成11年度以降，地方特例交付金の計数も掲載するために『地方交付税等関係計数資料』と改称されている）。そこで，本章では，都道府県に着目し，基準財政収入額と基準財政需要額のそれぞれの算定項目レベルにまで立ち入って分析することとしたい。

3） 総務省ホームページでは，全市町村について，2015年度以降の基準財政収入額，基準財政需要額の算定項目それぞれの算定額が公表されるようになった。

2. 人口減少と都道府県基準財政収入額

まず，この間の地方交付税（普通交付税）の傾向について見ていこう（表4-2)。

2007年から2016年の期間中，人口は1億2,791万人から1億2,707万人へと0.7%減少しており，普通交付税は6.2%の増額となっている。これを人口増減の度合いで4つのグループ別に見てみよう4)。「人口増」の都府県グループ（n=11）では，普通交付税は8都府県で5%以上の増，3県で0～5%の増であり，単純平均で50%増と大きく伸びている（2007年度で不交付団体の東京都と愛知県の指数は増減なしの1.0としている)。これは，財政力指数が0.92で普通交付税額200億円程度だった神奈川県が，2016年には財政力指数0.90，普通交付税額1,030億円と5倍弱になっていることが大きい。神奈川県を除くと指数は1.156に下がるが，それでも，他のグループより高い水準となっている。

「人口減（小)」グループは，人口減少の度合いが小さい12県のグループで，人口減の割合は約0～2%減少である。普通交付税が増えている県がほとんどだが減少している県も3つあり10年間の比較では普通交付税は増額している（指数は1.072)。

「人口減（中)」グループは，「人口減（小)」より人口減少が進んでいる12道県のグループで，人口が約2～4.5%減少している。普通交付税が増えている

4)「人口増」グループは，東京都（人口は8.6%増，以下同じ)，沖縄県（5.5%増)，愛知県（4.8%増)，神奈川県（4.1%増)，埼玉県（3.9%増)，千葉県（3.2%増)，滋賀県（3.1%増)，大阪府（2.2%増)，福岡県（1.9%増)，兵庫県（0.4%増)，京都府（0.4%増）の11都府県。「人口減（小)」のグループは，広島県（0.2%減)，静岡県（0.5%減)，宮城県（0.7%減)，群馬県（0.7%減)，茨城県（0.7%減)，栃木県（0.8%減)，三重県（0.8%減)，岡山県（1.1%減)，石川県（1.2%減)，岐阜県（1.4%減)，香川県（2.1%減)，長野県（2.3%減）の12県，「人口減（中)」のグループは，熊本県（2.5%減)，福井県（2.6%減)，奈良県（2.8%減)，富山県（2.9%減)，山梨県（3.1%減)，佐賀県（3.1%減)，大分県（3.2%減)，宮崎県（3.6%減)，北海道（3.6%減)，鹿児島県（4.1%減)，愛媛県（4.5%減)，鳥取県（4.5%減）の12道県。「人口減（大)」のグループは，新潟県（4.6%減)，山口県（4.8%減)，島根県（5.0%減)，徳島県（5.2%減)，長崎県（5.2%減)，和歌山県（5.9%減)，山形県（6.3%減)，岩手県（6.5%減)，高知県（6.6%減)，福島県（6.6%減)，青森県（7.5%減)，秋田県（9.0%減）の12県である。

表 4-2　人口増減グループ別に見た普通交付税増減の都道府県数と割合

（単位：数，割合）

	5%以上増	0～5%増	減少	増減率（平均）
人口増	8	3	0	1.499
人口減（小）	8	1	3	1.072
人口減（中）	6	2	4	1.033
人口減（大）	2	3	7	0.988

（注 1 ）東京都は全期間不交付団体，愛知県は 2007 年度が不交付団体である。両都県の増減率は 1.0 として計算した。

（注 2 ）人口は，2008 年 3 月 31 日現在（外国人を含まない）と，2017 年 1 月 1 日現在の住民基本台帳人口（外国人を含む）の比較である。統計上住民基本台帳人口に外国人が含まれるのは 2012 年 7 月以降である。

（出所）『地方財政統計年報』各年版から作成。

県が 8，減少している道県が 4 であり，10 年間の比較では普通交付税は微増である（指数は 1.033）。

「人口減（大）」グループは，「人口減（中）」グループより人口減少が進んでいる県のグループで，平均で約 4.5%の減少である。普通交付税が増えている県が 5 であるのに対し 7 県では減少しており（一番減少しているのは福島県で約 18%のマイナスである），10 年前と比べて普通交付税は微減となっている（指数は 0.988）。

このように，普通交付税について，期間中に人口増の都府県での普通交付税配分が大きく増えている一方，人口減の道県では，微増または微減である傾向がある。人口増の都府県に「有利」な配分となっているようである。

続いて，基準財政収入額の個別の項目の検討に入る前に，この間の税制改革を振り返りながら，都道府県の歳入の構造について，基準財政収入額の推移を見ておこう（図 4-1）。

基準財政収入額の合計は 2016 年度で 13 兆 9,457 億円となっており，2007 年度に比べ 2,700 億円程度増加している。内訳としては，基準財政収入額のほぼ 3 割を占めている道府県民税所得割は 4.1 兆円（2007 年度 4.0 兆円）で微増である。事業税（個人，法人の合計）は 3.2 兆円（基準財政収入額に占める割合は 23.0%）で，2007 年には 4.6 兆円と基準財政収入額に占める割合が最も高く 34%あったが，ほぼ 3 分の 2 の水準となった。地方消費税 2.1 兆円（14.9%）は 2007 年では 1

図 4-1　基準財政収入額の主な税目別の推移

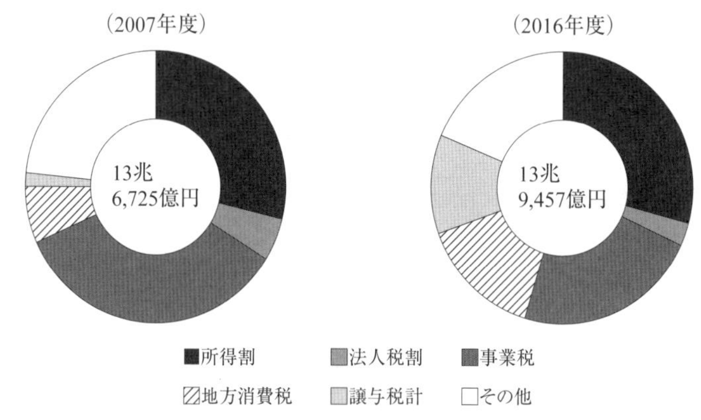

（注）基準財政収入額の算定数値であり，法定外税や超過課税を含まないので，決算の数値とは異同がある。
（出所）『地方交付税等関係計数資料』各年版から作成。

兆円であったからほぼ倍化している。譲与税 1.6 兆円（11.9%。うち地方法人特別譲与税 1.5 兆円）も大きく伸びている。これに，自動車税 1.1 兆円（2007 年度 1.3 兆円），軽油引取税 0.6 兆円（2007 年度 0.7 兆円）などの間接税が加わる。道府県民税の法人税割は，0.4 兆円（2.7%。2007 年度は 0.7 兆円あった）の比重でしかない。

事業税と譲与税の増減は，地方法人特別税と同譲与税の創設にともなうこの間の税制改革の影響である。

地方法人特別税（同譲与税）とは，地方財源の偏在の程度を少なくするために，2008 年度から 2020 年度までに存在した制度で，「税制の抜本的な改革において（略），税体系の構築が行われるまでの間の措置」（地方法人特別税等に関する暫定措置法第 1 条）として設けられたものである。法人事業税の一部を，国税としての地方法人特別税としていったん国が「徴収」して，それを都道府県の人口と従業員数に基づいて地方法人特別譲与税として分配するものである[5]。多くの場合，事業税の税源が豊かな県は，経済力と人口が集中し人口増加が見ら

5）実務的には，都道府県に対し，事業税とあわせて「納税」している。地方法人特別譲与税の制度と格差是正効果については，浅羽（2016），町田（2016），横山（2016）など。

れるところであるので，人口増の都府県から人口減少の県への再分配の効果があった。

地方消費税については，税率アップ（2014年。国税の消費税額の1/5→17/63。消費者目線では取引価格の1%→1.7%）にともなう影響である。もっとも，増額しているように見える地方消費税は，普通税ではあるものの半分に相当する額を市町村に対して地方消費税市町村交付金として配分しなければならない制度となっているために，増額の効果は限定的である。

さて，人口増減の傾向と基準財政収入額の増減にどのような関係があるのかを検討していこう。

グループごとの増減数や率を見てみると（表4-3），「人口減（小）」グループの基準財政収入額の伸びが1.8%であり，「人口減（大）」グループにおいては7.8%増となっており，人口減少の度合いが大きいほど，基準財政収入額の伸びが大きそうである。相関係数を計算してみると，マイナス0.250となり，相関の有無は言えない水準であるが，符号がマイナスであることは確認された。このあたり，散布図を見てみると，大きな傾向としては右下がり傾向ではあるが，各都道府県のばらつきが大きくなっていた。人口増の都府県グループの中でも基準財政収入額が大きく伸びている沖縄県（内訳で見ると県民税所得割が18%増であるほか，合計で28%増）が外れ値のように思われる。沖縄県を除けば相関係数はマイナス0.472にまで変わってくる。

それでは，本章の検討対象である，人口増減と基準財政収入額の関係について検討することにしよう。毎年の『地方交付税等関係計数資料』には，全都道

表4-3　人口増減グループ別に見た基準財政収入額の増減

（単位：都道府県数，割合）

	5%以上増	0～5%増	減少	増減率（平均）
人口増	5	1	5	1.037
人口減（小）	2	4	6	1.018
人口減（中）	9	3	0	1.065
人口減（大）	8	2	2	1.078

（出所）『地方交付税等関係計数資料』各年版から作成。

府県について，基準財政収入額の算定にあたっての税目別に，算定された金額が公表されている。その税目別に，人口増減のグループ別に増減の傾向を見てみよう。増えている項目，減少している項目がそれぞれあるので，寄与度という指標を用いる。

$$\text{項目ごとの寄与度} = \frac{\text{項目ごとの 2016 年度の数値} - \text{2007 年度の数値}}{\text{項目ごとの 2007 年度の数値}}$$

寄与度とは上式で計算されるもので，これをグラフ化したのが図 4-2，元データが表 4-4 である。図 4-1 と同様に，雑多な項目は「その他」として合算して計算した。

正（増加）の項目はグラフの上部，負（減少）の項目はグラフの下部になり，主な項目ごとの指数を合計すると全体の増減となる。

この間の特徴としては，まず，基準財政収入額合計については，人口減のグループについては，人口減少の割合が大きい県のほうが基準財政収入額が増えている。人口増の都府県グループは，所得割や地方消費税などで増加しており，人口増や経済活動の活発化による基準財政収入額の増加も見られる。第 2 に，

図 4-2　人口増減別主な収入項目の寄与度

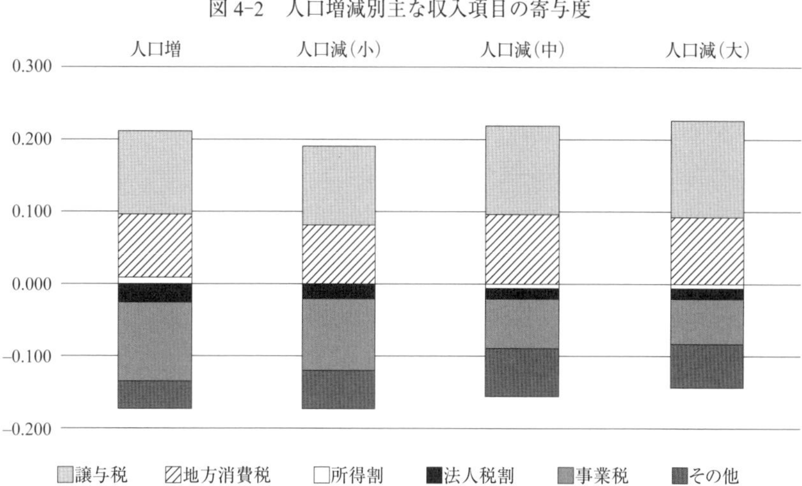

（出所）『地方交付税等関係計数資料』各年度版から作成。

表 4-4　人口増減グループ別の基準財政収入額の項目別寄与度

	所得割	法人税割	事業税	地方消費税	譲与税	その他	合計
人口増	0.012	−0.025	−0.108	0.083	0.115	−0.040	0.037
人口減（小）	−0.001	−0.020	−0.098	0.080	0.109	−0.052	0.018
人口減（中）	−0.007	−0.015	−0.071	0.095	0.126	−0.064	0.065
人口減（大）	−0.007	−0.013	−0.062	0.093	0.129	−0.062	0.078
合計	−0.001	−0.018	−0.084	0.088	0.120	−0.055	0.050

（出所）『地方交付税等関係計数資料』各年版から作成。

地方消費税が正の寄与度でありしかも増加傾向である（額で見ると，税率アップの影響で 2007 年の 9,913 億円から 2016 年には 2 兆 752 億円と倍化している）。人口増減グループ別に見ると，人口減少の県に有利な配分となっている（寄与度では，人口増の都府県や人口減（小）の県で 8%増，人口減（中）と人口減（大）の県で 9%）[6]。第 3 に，事業税が 2007 年の 4 兆 6,251 億円から 2016 年には 3 兆 2,119 億円へとほぼ 3 割減少しているとともに，人口増の都府県で負の寄与度が大きくなっている。また，譲与税（2007 年の 1,795 億円から 2016 年には 1 兆 6,536 億円）についても正の寄与度である。譲与税は新設された地方法人譲与税が大部分を占めている。当該地域の経済力によって多寡のある事業税の一部が，地方法人特別譲与税として人口基準で再分配されるため，人口の少ない県，おおむね人口減少傾向の県に相対的に厚く再分配されている傾向が見える（図 4-2 から事業税の減額と譲与税の増額の差額を考えると，人口減少の県のほうがその差が大きくなっていることがよくわかる）。第四に，法人税割については，人口増の都府県において負の寄与率が大きくなっている。（都道府県県民税）所得割については，人口増の都府県グループでわずかだが正の寄与度になっているものの，全体にマイナス傾向であり，景気・地域経済低迷や団塊の世代の退職等にともなう所得そのものの減少の要素も考えられる。最後に，雑多な税目等を合計した「その他」は，全体として金額を減らし，寄与度もすべてのグループでマイナスとなっている。しかも，その減額傾向は，人口減少の割合が大きい県のほうが大きくなってい

6)　分析期間外の 2018 年 10 月以降，地方消費税の増税とともに精算基準の人口案分の割合が高まったので，経済活動の相対的に低調な県＝人口減少県の地方消費税配分額がさらに増えることが予想される。

る。

このように，基準財政収入額は，全体としては，人口減少の割合が強い県に有利な算定となっているようである。とくに，地方消費税や地方法人特別税（同譲与税）の制度変更については，人口減の県グループの基準財政収入額の算定に有利な結果となった。なお，地方消費税をはじめいくつかの項目で，「人口減（中）」「人口減（大）」グループ間で逆転現象が生じているが，その要因についての検討は他日を期したい。

3. 人口減少と都道府県基準財政需要額

まず，この間の基準財政需要額の動向について確認しておこう（図4-3）。

この間，基準財政需要額の総額は，22兆2,482億円から24兆3,190億円へと約1割，2兆円増加している。

基準財政需要額は，大きな項目としては警察費や民生費などに分けられるが，細かくは約40の項目ごとに単位費用×測定単位×補正係数の式で算定され，公債費も地方債の種類に分けた13の項目にわたって算定されている。以下では，いくつかの項目を合体して傾向を見ることとしたい。

まず，「人件費」である。都道府県の基準財政需要額の3割から4割は「人

図4-3　基準財政需要額の主な項目別の推移

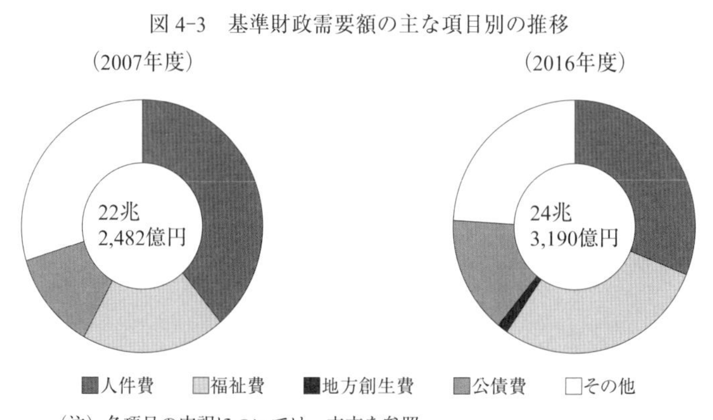

（注）各項目の内訳については，本文を参照。
（出所）『地方交付税等関係計数資料』各年版から作成。

件費」である。これは，主に警察官の人件費を算定する警察費（2007 年 2.2 兆円→ 2016 年 2.0 兆円。以下，同様）と，教員の人件費相当額を保障する教育費のうち小学校費（2.8 兆円→ 2.6 兆円），中学校費（1.6 兆円→ 1.5 兆円），高等学校費（1.5 兆円→ 1.3 兆円），特殊教育諸学校費（0.5 兆円→ 0.6 兆円）のそれぞれにおいて「教職員数を測定単位とするもの」を合算して「人件費」とした。警察費には人件費以外の事務費も含まれているが，少額なので無視する。特殊教育諸学校費は伸びているものの他の項目では比率・額ともに減少している。

次に大きなグルーピングとして「福祉費」である。社会福祉費（1.0 兆円→ 1.7 兆円）や高齢者保健福祉費（65 歳以上人口を測定単位とするもの：1.1 兆円→ 1.5 兆円，75 歳以上人口を測定単位とするもの：0.8 兆円→ 1.5 兆円）で，介護保険や高齢者医療への繰出金に充てられる。衛生費（1.4 兆円→ 1.8 兆円）には保健所関係の費用も含まれるが，市町村では大きな清掃費（ごみ処理費用）が都道府県の場合はほとんどないこともあり，「福祉費」の範疇とした。合計すると，4.3 兆円が 6.5 兆円となっており，すべての項目で増加しているとともに合計ではほぼ 5 割増となっており，そのシェアは「人件費」に迫る勢いである。

「地方創生費」は，2007 年にはなかった項目である，地域経済・雇用対策費（0.1 兆円），地域の元気創造事業費（0.1 兆円），人口減少等特別対策事業費（0.2 兆円）を合計したものである。この間，地域振興・地方創生のための経費に充てるものとして基準財政需要額の項目に加わったものである。合計 4,000 億円にも満たない水準ではあるが，中島（2022）で見たように，町村については人口減少による基準財政需要額の減少を下支えしていたことから，都道府県についても検討しておきたい。

「公債費」は，公債費に充てる経費を算定しているもので，公債費合計は，2.8 兆円が 3.5 兆円へと増加している。細かくは 13 の項目があるが，財源対策債（0.8 兆円→ 0.9 兆円）と臨時財政対策債（0.4 兆円→ 1.8 兆円）のそれぞれの償還費が多くを占めている。なお，いわゆる事業費補正については，たとえば臨時地方道整備事業債償還費については道路橋梁費の内数であるが事業費補正分の金額は明示されておらず，その額は不明である。

この傾向を，基準財政収入額と同様に人口増減のグループ別に，寄与度の指標をつかって見てみよう。

まず，人口増減と基準財政需要額総額との関係については，表4-5のとおりである。まず，期間中基準財政需要額が減少した都道府県は存在しなかった。さらに，人口増の都府県グループが1.141と一番高く，一番人口減少している県グループの平均は1.038となっている。人口増の都道府県ほど基準財政需要額が増えるという結果となった。なお相関係数を計算してみると0.847と，相関があるといえる。

続いて，人口増減の道府県のグループごとに項目の構成比に違いがあるかどうかを，基準財政収入額と同様に寄与率で見てみよう（図4-4，表4-6）。

人件費合計では，「人口増」の都府県グループでマイナス1.4%，「人口減（小）」県でマイナス2.3%，「人口減（中）」道県でマイナス2.5%，「人口減（大）」県でマイナス3.6%である。人口増の都道府県においても負の寄与度である。

図4-4，表4-6では合算しているので詳細を見てみると，警察費はマイナス0.7%であり，すべての都道府県でマイナスとなっている。「人口増」グループはマイナス0.9%に対し，「人口減（小）」グループはマイナス0.4%，「人口減（中）」グループはマイナス0.4%，「人口減（大）」グループはマイナス0.3%であり，最大のマイナスになっているのは，東京都（マイナス2.7%）であり，続いて大阪府（マイナス1.1%），神奈川県（マイナス1.0%）など，都市部の人口増の都府県に厳しいものとなっている。

教育費については，小学校費はマイナス0.8%である。小学校費では，沖縄県（0.08%増）福岡県（0.07%増）以外の都道府県はマイナスとなっている。「人

表4-5　人口増減グループ別に見た基準財政需要額の増減

（単位：都道府県数，割合）

	5%以上増	0～5%増	減少	増減率（平均）
人口増	11	0	0	1.141
人口減（小）	10	2	0	1.080
人口減（中）	7	5	0	1.061
人口減（大）	3	9	0	1.038

（出所）『地方交付税等関係計数資料』各年版から作成。

図 4-4　人口増減別主な需要項目の寄与度

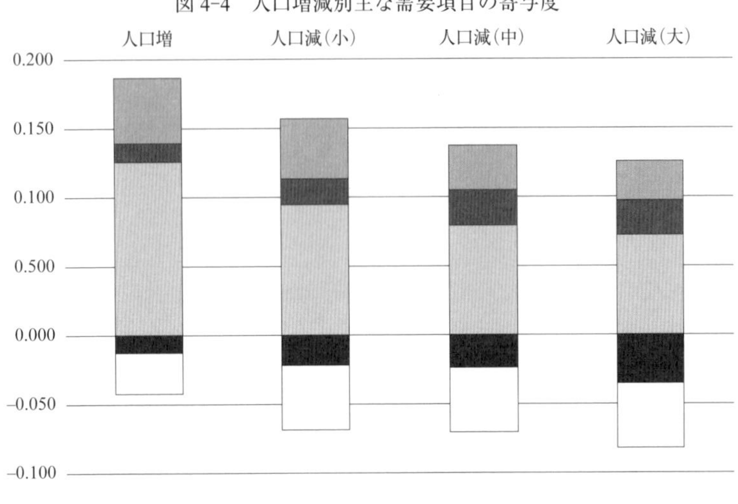

（出所）『地方交付税等関係計数資料』各年版から作成。

表 4-6　人口増減グループ別の基準財政需要額の項目別寄与度

	人件費	福祉費	地方創生費	公債費	その他	合計
人口増	−0.014	0.123	0.015	0.048	−0.030	0.141
人口減（小）	−0.023	0.094	0.018	0.044	−0.047	0.085
人口減（中）	−0.025	0.079	0.024	0.033	−0.048	0.063
人口減（大）	−0.036	0.070	0.025	0.027	−0.047	0.040
合計	−0.026	0.090	0.021	0.037	−0.043	0.079

（出所）『地方交付税等関係計数資料』各年版から作成。

口増」グループはマイナス 0.4％に対し，「人口減（小）」グループはマイナス 1.0％，「人口減（中）」グループはマイナス 0.9％，「人口減（大）」グループはマイナス 1.4％である。マイナス幅の大きな県は，秋田県（マイナス 2.0％），青森県（マイナス 1.9％）であり，人口減少県に厳しいものとなっている。

中学校費は，全体でマイナス 0.3％だが，「人口増」の都府県は 0.1％のプラスである。小学校費と同様，人口減少県に厳しい。

高等学校費はマイナス 1.0％となっている。全都道府県でマイナスであり，「人口増」グループはマイナス 0.6％に対し，「人口減（小）」グループはマイナス

1.1%,「人口減（中)」グループはマイナス1.1%,「人口減（大)」グループはマイナス1.3%と，ここも人口減少県に厳しい。

特別支援学校費は全体で0.3%増となっているとともにすべてのグループで増額となっている（青森県と富山県がマイナスとなっているが，他都道府県はプラスである)。「人口増」グループは0.4%,「人口減（小)」グループは0.3%,「人口減（中)」グループは0.1%,「人口減（大)」グループは0.1%のそれぞれ増加となっている。

グループ別に人件費の動向を見ると，警察費は人口増の県にも厳しいが，額で考えると大きな比重を占めている教育にかかる人件費は，人口減少にともない教職員定数が減少しているために人口減少の県において，厳しい減少となっている。

福祉費は，高齢者数の増加を反映して，人口増の都府県で大きく伸びている一方，人口減少県も増加している。「人口増」グループは12.3%の増加,「人口減（小)」グループは9.4%,「人口減（中)」グループは7.9%,「人口減（大)」グループは7.0%のそれぞれ増加となっている。社会福祉費や高齢者保健福祉費の細目で見ても，傾向としては同じで，都市部に厚く算定されている。

地方創生費は，シェアは小さいものの，人口減少県に厚く配分されている。「人口増」グループは1.5%に対し,「人口減（小)」グループは1.8%,「人口減（中)」グループは2.4%,「人口減（大)」グループは2.5%と，それぞれ増加となっている。これらの費目では，人口の少ないところには段階補正係数がかけられるほか，たとえば人口増に努力した成果に対する補正係数もかけられるのだが，期間中に1回ある国勢調査の影響はともかく，成果に対する補正係数の影響については，適当な資料がなく詳細な分析ができない。

公債費は「人口増」グループは4.8%,「人口減（小)」グループは4.4%,「人口減（中)」グループは3.3%,「人口減（大)」グループは2.7%のそれぞれ増加となっている。人口増の都府県のほうがその伸びが大きくなっている。算定項目を細かく見てみると，額も増えてきている臨時財政対策債償還費の影響である（「人口増」グループは6.5%,「人口減（小)」グループ6.2%,「人口減（中)」グループ 6.2%，「人口減（大)」グループ 5.8%のそれぞれ増加となっている)。

人口減少と基準財政需要額の関係は，人口増の都府県において福祉費や公債費の伸びが大きく，その伸びは，人件費のマイナスを補うに余りあるものとなっている。人口減のグループでも，福祉費の伸びは大きく，また地方創生費の増加もあるが，地方創生費そのものの比重はさほど大きくない。全体の傾向としては，人口増の都府県ほど基準財政需要額の算定が有利になっている。

おわりに

人口減少によって地方税収は減少することが予想されるが，財政需要を自治体の経済力の差にかかわらず保障する地方交付税制度を軸としているわが国の地方財政においては，地方税収の減少は地方交付税（普通交付税）によって補填されるはずである。しかし，一方で，人口の減少は地方交付税の算定の素となる基準財政需要額の減少につながる。人口減少が，基準財政収入額と基準財政需要額のそれぞれにどう影響しているのか。本章では，このような問題意識で，都道府県財政の歳入のうち大きな部分を占める普通交付税（基準財政収入額と基準財政需要額のそれぞれ）について，人口増減との関係を検討してきた。

基準財政収入額については，人口減少局面でも，基準財政収入額の総額はさほど減っていない。これは，人口減少の結果住民税や事業税は減少するものの，地方消費税の増税や地方法人特別譲与税が制度化されたことから，人口減の県に相対的に有利な算定となり，人口減少の影響を少なくしたものと考えられる。

基準財政需要額については，全体として基準財政需要額は伸びている。人口増の都府県において福祉費や公債費の伸びが大きく，また，人件費の減の度合いが小さくなっている。人口減の県グループについては，地方創生費が増加しているものの全体の比重はさほど大きくなく，また人件費の減少度合いも大きくなっている。全体の傾向としては，人口増の都府県ほど基準財政需要額の伸びが大きく，人口増の都府県に有利な算定となっている。

その結果，個々の自治体において基準財政需要額と基準財政収入額との差額で算定される地方交付税（普通交付税）は，人口増の都府県グループにおいてより多くの配分がなされる結果となった。一方，地方法人特別譲与税のような水平的な財源再分配があり，人口が減少している県でも基準財政需要額が増加しているため相応の地方交付税の配分を受けることができている。

最後に，残された課題を記しておきたい。市町村においては，高齢者数とともに人口そのものも急激に減少しているところがある。今後，県においても，そのような事態が始まる県が出てくることが予想される。そうしたところでは，基準財政収入額の減少以上に，基準財政需要額も減少してしまい，結果として普通交付税が減少するおそれもある。そのあたりの実証的な検討と持続可能性の観点からの制度改革への示唆は，今後の課題とさせていただきたい。

参考文献

浅羽隆史（2016）「地方法人所得課税と税源格差」片桐・御船・横山『格差対応財政の新展開』中央大学出版部。
梅原英治（2010）「北海道夕張市の財政破綻と財政再建計画の検討（V）」『大阪経大論集』60 巻 6 号。
貝塚啓明ほか（1986）「地方交付税の機能とその評価 part1」『ファイナンシャルレビュー』第 2 号。
中島正博（2019）『「競争の時代」の国・地方財政関係論』自治体研究社。
中島正博（2022）「人口減少による町村の地方交付税配分の変化についての考察」『日本地域政策研究』第 29 号。
前川俊一（2017）「人口減少と都市財政」『経済学論纂』57 巻 5–6 合併号。
町田俊彦（2016）「「東京一極集中」下の地方税収入の地域格差と税収偏在是正（下）」『自治総研』454 号。
横山彰（2016）「地方税制における税収格差の是正に関する一考察」片桐・御船・横山『格差対応財政の新展開』中央大学出版部。
『地方財政統計年報』（地方財務協会）。
『地方交付税等関係計数資料』（総務省自治財政局）。

第 5 章

水道事業の広域化に関する背景と課題について

――香川県水道広域化前後における水不足事情を中心に――

田代昌孝

はじめに

日本全国にある水道インフラは老朽化している。法定耐用年数40年を超えた水道管路が数多く存在する深刻な状況である。水道管路も含めた水道インフラの新設や更新は，水道料金の値上げが必要となろう。その一方で，料金の値上げは水道法で上限が定められているだけでなく，議会での承認を得なければならない。結果として，料金収入が期待出来ない地域では，水道管路を含めたインフラの老朽化が進んでしまう。

水道事業は巨大な施設を持つ装置産業であるため，規模の経済や範囲の経済を通じた経営の効率化が期待出来る。広域化に伴う経営効率化を通じて，水道インフラの老朽化を改善する水道事業体も増えてきた。市町村運営に基づく，水道事業の経営は限界にあると言って良いかもしれない。水道事業の広域化は県主導を前提としながら，大規模な用水供給事業が水源の乏しい末端給水事業を吸収する広域化を基本としてきた。

ただ現実的には，県レベルでも都市部と過疎地があるように，人口規模が各地域で異なっている。そのため，広域化も市町村合併や一部事務組合と言った部分的なものに留まっているように思える。水道事業の広域化も経営の効率化から危機管理等も含めた施設の共同化を求めるものに変化してきた。

このような状況下で，香川県は県レベルでの水道事業の広域化を実現させている。香川県は広域水道企業団による単独供給を通じて，水サービスの供給を行う唯一の県である。香川県が水道事業の広域化を積極的に推し進めてきた背景には，渇水や断水が全国でも頻繁に発生する事情が挙げられよう。香川県では水の安定的な供給を目指すため，水道事業の広域化を実現させている。このような県レベルでの香川県水道広域化を評価する研究は，知る限りだと，中谷（2018）がある程度であり，主に事例分析が中心となっている。

本章では，2018 年（平成 30 年）度香川県広域水道企業団の設立前後において見られた水不足の事情に着目している。具体的には，渇水による減圧給水と断水影響人口を見ながら，香川県水道広域化の定量的な評価を試みた。

本章の構成は以下の通りである。第 1 節では，水道事業の広域化が求められる背景を説明している。第 2 節では，水道事業の広域化に求められる新たな理想を議論している。第 3 節では，水道事業広域化の課題について述べた。第 4 節では，香川県水道広域化前後における水不足事情の評価を定量的に行った。おわりにでは，全体結論と残された課題を簡単にまとめている。

1. 水道事業の広域化が求められる背景

1936 年（昭和 11 年）江戸川浄水町村組合として，最初の広域水道が設立された。それ以降，当初は都道府県レベルでの用水供給事業が小規模水道事業体を吸収する事業統合としての広域化が基本であった。1936 年（昭和 11 年）神奈川県営水道，1942 年（昭和 17 年）阪神水道企業団はその代表的な例として挙げられよう[1)]。水道事業は巨大施設が必要な装置産業である。したがって，人口の密集した都市部では，規模の経済が働くことになる。都市部では経営の効率化を通じて，水道料金を低く抑えることが出来る。図 5–1 には人口密度と水道料金との関係がまとめてある[2)]。

1）日本水道協会「水道広域化検討の手引き―水道ビジョンの推進のために―」，4–8 頁。
2）相関係数は 5% 有意水準を満たしている。

図5-1　人口密度と水道料金との関係

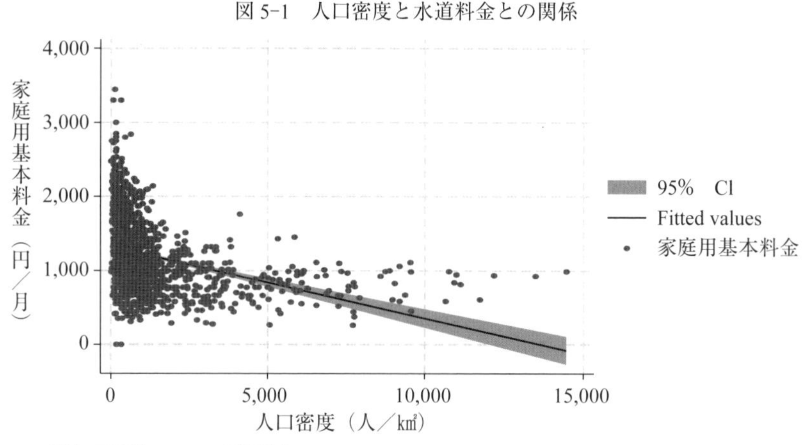

（注）観測数：1,301，相関係数：-0.346。
（出所）日本水道協会編『水道統計（令和3年度）』より推計。

図5-1から人口密度が大きくなるほど，家庭用基本料金が下がるのが分かる。人口密度が大きい都市部では水道料金を低く抑えることが出来るが，そうではない過疎地の水道料金は高くなってしまうのである。水道事業は可能な限り，広域的なマネジメントを行う方が望ましい。

水道事業の広域化を目指す事業体には，国や県からの補助金が支給される。1967年（昭和42年）には水道水源開発施設，水道広域化施設に対する国庫補助金制度を創設している。さらに，1977年（昭和52年）広域的水道整備計画に基づく事業についての補助率が一部嵩上げされている。水需要の不均衡や小規模水道の脆弱性から用水供給事業の形態で安定した水源の確保や水の広域的な融通が求められている[3]。

特に，財源が不足する過疎地域では，国や県からの補助金を通じた事業によって，老朽化した水道インフラの改善を必要としている。ところが，国や県も財政的に厳しいことから，主な補助金の使途は限定されており，高料金対策を除けば，耐震化や水道経営の改善を目的としたものが多い。広域化に関連する国

3）日本水道協会「水道広域化検討の手引き―水道ビジョンの推進のために―」，8-9頁。

庫補助金は経営の効率化に貢献するため，国家も積極的に提供している。

水道事業に対する国庫補助金制度として，ダム等の水源開発を目的とした「水道施設費国庫補助金」と住民生活に関連する水道インフラの広域化を目的とした「生活基盤施設耐震化等交付金」がある。2022年度（令和4年度）上水道関係に対する国庫補助金等の内訳では，「生活基盤施設耐震化等交付金」が21,804（百万円）と最も多く，水道水源開発施設整備費補助金の2,264（百万円）がそれに続いている。2017年度（平成29年度）から2019年度（令和元年度）にかけて，様々な国庫補助金等の改正が行われているが，主に水道事業の広域化を目的としたものが多い[4)]。

広い意味で捉えれば，ダムのような水源開発を求めた補助金も広域化を目的とした政策であると考えることが出来よう。広域化の経済効果が人口密集地域でより多く機能する以上，水の利用率が高い都市部では水源を多く必要とする。水源の乏しい地域では，経済が活性化しにくい状況が想定されよう[5)]。

水道インフラの老朽化は深刻となっている。法定耐用年数40年を超えた水道管路は日本でも数多く存在している。厚生労働省の「インフラ長寿命化計画（行動計画）（平成27～32年度）」では，7割近くの水道管路が更新しておらず多大な時間と費用を要する[6)]こと，あるいは「新水道ビジョン推進のための地域懇談会（第10回）」でも，全ての管路を更新するのに約130年かかる[7)]と推計している。

市町村運営が難しい状況下で，費用削減を目的とした水道事業の広域化は必要不可欠となっている。国や県も水道事業の広域化に関する補助金は積極的に提供するが，財政的に厳しいことからインフラ老朽化を解消するための補助金

4）水道事業経営研究会編（2022），205-209頁。

5）たとえば，2012年9月4日から6日に愛媛県，2015年2月22日から24日に沖縄県で行ったヒアリング調査から分かっていることとして，沖縄県では水が不足するため，観光事業が進まないケースがある。また，四国地方でも愛媛県では企業誘致することで農業に必要な水が不足してしまうケースが挙げられよう。

6）厚生労働省「インフラ長寿命化計画（行動計画）（平成27～32年度）」，2-3頁。

7）厚生労働省「新水道ビジョン推進のための地域懇談会（第10回）」，4頁。

は制限されてしまう。結果として，企業債による財源徴収も必要とされるが，将来世代への負担の配慮から起債に前向きでない水道事業体も多い。地方公営企業法からも水道事業は独立採算を前提としている。水道インフラ整備のための新設や更新事業は料金収入を増加させる，あるいは広域化の達成が伴う経営の効率化に頼るしかない。

2. 水道事業広域化に求められる新たな理想

1977年（昭和52年）の水道法改正では「広域的水道整備計画」が設定され，市町村運営の原則が規定された。その後1995年（平成7年）から平成の大合併が行われるようになると，地方分権がより一層推進されることとなった。そのような状況下で，2004年（平成16年）には「水道ビジョン」が公表され，新たな水道広域化を目指すこととなっている。具体的には，安心，安定，持続，環境，国際の5つの政策目標が掲げられた施策が示されている。新たな水道の広域化には，従来の事業統合のみの水道広域化ではなく，経営の一体化，管理の一体化，施設の共同化が加えられることとなった。ここでの経営の一体化は，経営主体は1つだが認可状の事業は別の形態であることを示している。また，管理の一体化は，維持管理業務や総務系の事務処理を共同での実施や委託することを示しており，施設の共同化は危機管理対策等のソフトな施策も含むものとなった[8)]。

県主導の広域化を基本とするものの，水サービス供給は市町村運営が原則とされている。県レベルでも都市部と過疎地があるように，人口規模が各地域で異なっている。そのため，水道事業の広域化は市町村合併や一部組合も含めた極めて部分的なものに留まっている。

総務省・厚生労働省「水道広域化推進プラン策定マニュアル（平成31年3月）」では，広域化の主な類型として1. 経営統合としての事業統合や経営の一体化，2. 施設の共同設置・共同利用，3. 事務の広域的処理としての管理の一体化や

8）日本水道協会「水道広域化検討の手引き―水道ビジョンの推進のために―」，4-17頁。

災害時等の応援協定，あるいはシステムの共同化を提案している。そのうえで，市町村等で水源に余裕がない事業者に対しては，広域化による水源の融通から水需給の不均衡を解消させることを推奨している[9)]。

都市部と過疎地では，水不足の事情が異なる。水を多く利用する大企業が都市に進出した場合，水道管路が家計の口径別のみならず，大口の用途別による水サービス供給も必要とする。水源に余裕がない場合，新たな水源の開発をしなければならない。大規模な用水供給事業には，水不足に悩む末端給水事業を吸収することが求められる。

むしろ，過疎地域の方が良質で自己水源の確保はスムーズかもしれない。過疎地では農業の活性化が求められる以上，良質の水源を確保する方が住民の満足を高めるであろう。過疎地が住民自治を重視して都市化を望まない場合，水道事業を広域化するインセンティブは働かない。過疎地では人口減少に伴う水需要の不足から，水道インフラが老朽化することが問題となる。

熊谷（2016）は，ある一定以上の人口密度となる市街地において水の自給自足は不可能なだけでなく，水資源開発のために水資源機構等の多目的ダムに参画するのが一般的だと言う見解を示している[10)]。広域行政としての水サービス供給は，県や大規模な企業団が主導となることが理想である。ただ現実的には，様々に異なる市町村の地理的，あるいは財政的環境から小規模な広域化に留まってしまうのである。

2017年（平成29年）3月に行われた「公営企業の経営のあり方に関する研究会 報告書」では，「更新需要，給水原価等に関して，市町村間で比較・共有可能なシミュレーション分析が行われるよう，都道府県は主導的な役割を果たすべき[11)]」と述べる。日置（2019）に基づけば，水道の広域化は水道水源の逼迫等への対策から施設や経営の一体化以外の幅広い事業間連携へと変化する一

9）　総務省・厚生労働省「水道広域化推進プラン策定マニュアル（平成31年3月）」，21-24頁。
10）　熊谷（2016），157頁。
11）　総務省自治財政局公営企業経営室「水道事業についての現状と課題（平成30年1月）」，30頁。

方，地域の実情から都道府県の役割が重要という見解を示している[12)]。それに対して，熊谷（2016）は広域化の課題が市町村を超えた行政間連携であることを述べたうえで，市町村を超えればすぐ都道府県ではなく，一部事務組合の活用も十分考えられるべきではないかと主張している[13)]。

水道事業の広域化で問題となるのは，どのレベルまでの広域化を想定するかである。広域化レベルの問題が発生する背景には，水サービスの供給が供給者となる事業者側と需要者となる住民側で事情が異なるためであると考える。水サービスの供給は事業者側で考えれば，地方公営企業としての独立採算が求められるため，経営の効率性を第 1 に考える。その一方で，水サービスの供給を住民側で考えれば，水道事業経営及び持続可能性が困難であっても，ライフラインの尊重を第 1 に考えることになろう。

水サービスの供給は住民に欠かせないものである。同一の市町村に住む住民は同一の料金を負担することが望ましい。水道料金に著しい格差がある市町村の合併は，料金の統一に長い年月を要するかもしれない。水道料金の値上げに積極的でない過疎地の事業体は，企業債の起債を通じた財源徴収によりインフラ整備を行う。財政環境が異なる水道事業体が統合した場合，経営の効率化を図ってきた健全な水道事業体は，統合後により多くの財政的負担を被ることになろう。

それ以外にも，水道事業の広域化は災害時におけるリスクをプールしている側面もある。災害時における水道インフラを修復するためには，熟練技術者の高度な技術を必要とする。水道事業の技術者は団塊世代が多く，退職を控えているものが中心となっている。ここでは『水道統計（令和 3 年度)』に基づき，水道技術者の年齢構成と人手不足の状況は図 5-2 にまとめてある。

水道技術者の人手不足は全国にある各水道事業体の技術者数の平均を算出した後，各水道事業体の技術者数を除することで定義している。したがって，この値が 1 未満の場合，技術者の不足がある水道事業体であり，1 を超えるよう

12)　日置（2019)，224 頁。
13)　熊谷（2016)，274-275 頁。

図 5-2　水道技術者の年齢構成と人手不足の状況

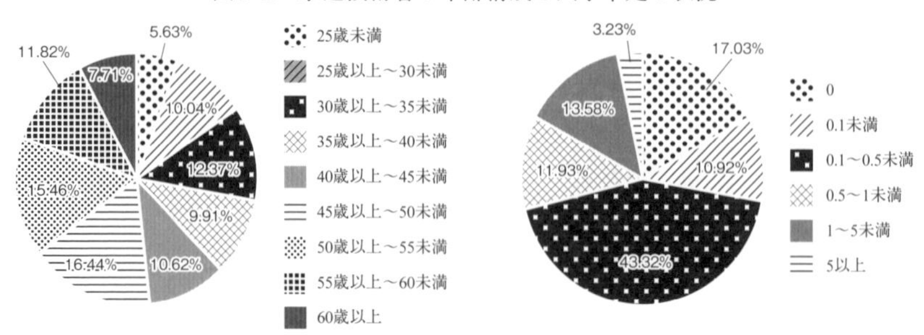

（出所）日本水道協会編『水道統計（令和 3 年度)』より作成。

になると技術者が充分な水道事業体となる。

図 5-2 から水道技術者の年齢構成では，45 歳以上 50 未満が 16.44％と最も多いのが分かる。20 代の技術者は 15.67％と少ない一方で，50 代の高齢技術者は 27.28％と多くなっていた。水道技術者の高齢化は進んでおり，今後は若手技術者に対する様々な能力やノウハウの伝達が課題となろう。技術の継承と同時に，様々な業務の引継ぎ，たとえば水道管路の布設状況や老朽化に関する情報及び緊急時における応援要請の連絡先の確認等も含めて，水道技術者の担う役割は大きいものと想定される。

水道技術者数が全国平均を超えるのは全体の 16.81％（内訳 1～5 未満 13.58%，5 以上 3.23%）程度であり，それ以外の水道事業体は技術者の人手不足が想定されよう。技術者数が0となる事業体が17.03％もあり，43.32％の水道事業体は0.1～0.5 未満と全国平均の半数にも満たない状況である。各水道事業体は，隣接する水道事業体と様々な協定を締結する，あるいは水道管路に関する情報を共有することで災害時における熟練技術者の不足を補っている[14)]。

14)　災害時における水道インフラのみならず，水の確保においても隣接の水道事業体と連携協定を締結することは重要であると思われる。株式会社みずみらい小諸代表取締役社長の古澤氏は令和元年 10 月 12 日小諸市で台風災害が発生した際にも，運転管理会社が広域的に周辺水道事業体と連携体制を構築したことにより，給水応援対応が可能となった旨の報告をしている（詳細は早稲田大学総合研究機構水循環システム研究所シンポジウム「パネルディスカッション「上下水道の官民連携と災害」

2017年（平成29年）3月日本水道協会「水道事業の運営基盤強化に関するアンケート調査（平成28年度実施）」では，近隣水道事業等との広域連携による運営基盤強化に関する検討をアンケート調査している。その結果，「近隣事業等と研究会，勉強会等のソフト連携を実施している」が31%と最も多く，次に「近隣事業等と災害時の相互応援等の協定を締結している」が29%，「検討していない」は22%となった[15]。

それ以外にも水道事業の広域化が求められる背景として，水道事業の過剰投資問題が考えられよう。かつての人口増加期の水需要予測に基づき設立された水道インフラは，過疎地域を中心に現在の人口減少期において利用率が低いものとなっている。独立採算での操業ではなく，企業債により財源徴収した様々な過剰投資は明らかに将来世代に負担を残してしまう。

「水道料金算定要領（平成27年2月）」では，各水道事業体に対して3から5カ年の水需要予測に基づく水道料金の設定を促している[16]。ただ現実的には，「水道料金算定要領」に示された総括原価主義に基づく料金設定をしないケースもあり，何年間も家庭用の水道料金が変化していない水道事業体も多い。料金が高額になるため，資産維持費を総括原価主義に含めない水道事業体も幾つか存在している。過疎地域において，誤った給水人口予測に基づく過剰投資の更新は，住民に過度の料金負担を求めるだけでなく，水道財政に悪影響を及ぼすかもしれない。

日本水道協会が出版した『水道統計（令和3年度）』には，計画及び現在給水人口に関する情報を掲載している。ここでは計画給水人口と現在給水人口との差分を取ることで，水道事業の過剰投資を定義することにしよう[17]。もっとも，計画給水及び現在給水人口は都市部で必然的に多くなっている。そのため，ここでは過剰投資を1人当たりで定量化した。図5-3には人口密度と1人当たり

—官民連携導入と災害時への万全な対応とポイントを探る—」，60頁）。

15）　日本水道協会「水道事業の運営基盤強化に関するアンケート調査—平成28年度実施—（平成29年3月）」，10頁。

16）　日本水道協会「水道料金算定要領（平成27年2月）」，1頁。

17）　以降，本章では計画給水人口と現在給水人口の差分を過剰投資と呼んでいる。

図 5-3　人口密度と 1 人当たり過剰投資との関係

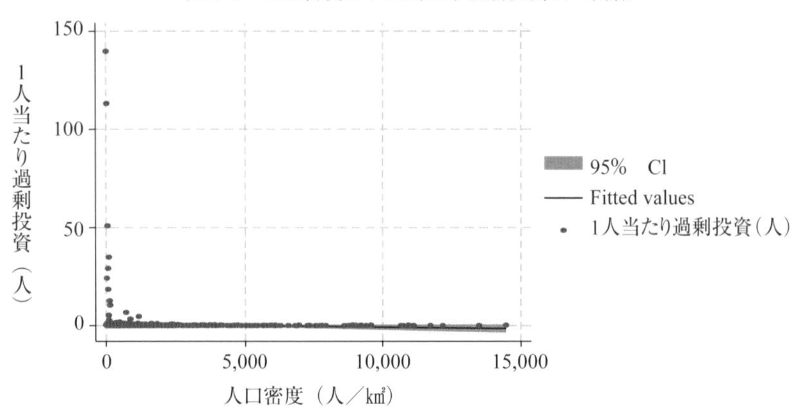

（注）観測数：1,301，相関係数：−0.053。
（出所）図 5-1 と同じ。

過剰投資との関係がまとめてある。

図 5-3 から僅かではあるが，人口密度と 1 人当たり過剰投資との間に負の相関関係があるのが分かる[18)]。過疎地の方で利用率が低い水道インフラが存在しており，過剰投資が深刻になる状況が想定されよう。もっとも，都市部でも予定していた企業誘致のための新設・更新事業の効果が上がらず，過剰投資となっていることから，負の相関が弱くなったものと考えられる。

伊藤（2012）は広域化が必要とされる理由として，1．給水人口と給水収入の減少，2．職員の退職問題，3．施設の老朽化とその更新，4．防災の問題，5．水源や地域的な水質の悪化を挙げている。そのうえで，広域化を行うことから，費用の削減と事業の継続が可能という効果を指摘している[19)]。さらに，石原・菊池（2011）は広域化のメリットとして，1．人件費や維持管理経費の削減，2．安定水源の確保と施設利用効率の向上，3．施設整備水準の平準化，4．人材及

18）相関係数は 5% 有意水準を満たしていない。ただ，1 人当たり過剰投資を被説明変数，人口密度を説明変数にして単回帰分析を行ったところ，人口密度は 10% 有意水準を満たす形で符号が負となった。

19）伊藤（2012），159–162 頁。

び技術力の確保，5. 大規模事業への計画的集中投資，6. 自然災害への対応強化，7. 管路など施設の更新率の上昇と料金の抑制及び広域的受益の均衡化，8. 優れたノウハウの共有化，9. 財政基盤の安定化，10. プロパーによる会計と経営の向上と維持等を挙げている[20]。

中村・瀬戸・大山(2017)は広域化した岩手県中部水道企業団の事例研究を行っている。その結果，2014年4月から用水供給事業として北上市，花巻市，紫波町を垂直統合したところ，1. 水源の安定化，2. 施設運用の効率化が達成されたことを確認してる[21]。

実際，2024年2月1日から2日にかけて，岩手県にある2つの水道事業体に対して広域化に関するヒアリング調査を行ってみた。広域化のメリットとして1. 経営資源の共有化，2. 規模の拡大による効率的な運営，3. 施設統廃合による事業費の抑制，4. 人材の確保を挙げていた。水道事業広域化の効果は構成事業体の状況により異なる側面がある。小規模事業体の間では，地理的に施設の統廃合が進まない事業体の統合では，メリットが生じにくいケースが見られよう。施設の共有が可能な用水供給事業と末端供給事業の統合はスムーズであり，取水から給水までの一元的管理から経営の効率化を図ることが出来ると考えられている。

より最近では，水道事業の経営効率化としての民営化や業務の民間委託を検討する水道事業体も増えてきた。水サービス供給業務は既に民間に委ねられているものも多い。具体的には，浄水場の運転管理や夜間の施設管理だけでなく，検針・窓口・滞納整理業務，漏水調査や料金徴収業務等は委託料を支払いながら民間に委ねる水道事業体もある。公的部門のモニタリング体制を整えつつも，費用削減の効果が期待出来る分野は，民間に委ねることが経営の観点からも望ましい。

しかし，水道事業の広域化が充分でない限り，民営化も機能しないとも考えられる。水道料金の値上げは水道法で規制されるだけでなく，議会の承認も必

20）　石原・菊池（2011），192頁。
21）　中村・瀬戸・大山（2017），68-77頁。

要とする。水道事業の広域化を前提として，経営の効率化に伴う費用の削減が期待されない以上，水道財政の持続可能性が困難になってしまう。民間企業は採算を重視する経済主体である。広域化の期待出来ない人口点在地域にある水道事業に参入する可能性は低い。日本水道工業団体連合会専務理事の宮崎氏は「まずは水道広域化を進めていき，その前提の下で官民連携は効果を発揮します[22]」と述べている。

3. 水道事業広域化への課題

前の節では水道事業の広域化に求められる背景を2つの段階で議論してきた。ここでは，水道事業の広域化に向けての課題を議論している先行研究や事例研究を紹介してみよう。水道実務者の観点から，宮城県企業局技監兼次長の岩崎氏は「大都市と周辺市町村の場合，大都市では料金が上がって周辺市町村では下がると言う事態も起こりかねません。現実的には広域化には時間がかかる」とも主張している[23]。

水道研究者の観点から，尾林（2018）は水道事業の広域化に反対する理由として，1. 水道は山間地・平地・渓流・扇状地・河口など，地域の条件に応じた計画の策定と実行が必要なこと，2. 浄水施設は整理統廃合しようとすれば，無駄な電力が必要なこと，3. 工業用水等の名目で，広域的に巨大なダムを建設することで地域の水資源が無駄になること，4. 地域の条件に応じた計画策定や国の財政支援が伴う計画の実行に広域化は逆行すること等を挙げている[24]。中島（2018）は「「広域化」の主たる目的が広域化・スケールメリットによる経費削減よりも，事業統合，施設の共同設置による更新投資削減やそもそ

22） 早稲田大学総合研究機構水循環システム研究所シンポジウム「パネルディスカッション「上下水道の官民連携と災害」―官民連携導入と災害時への万全な対応とポイントを探る―」，54頁。

23） 早稲田大学総合研究機構水循環システム研究所シンポジウム「パネルディスカッション「上下水道の官民連携と災害」―官民連携導入と災害時への万全な対応とポイントを探る―」，63頁。

24） 尾林（2018），171頁。

も更新をしないことが目指されているのです[25)]」と述べている。広域化の課題として，事業間の 1. 水道料金，2. 財政状況，3. 施設水準，4. 維持管理等の格差やそれ以外に水利権の整理とそれに伴う費用負担も伊藤（2012）は挙げている[26)]。

さらに，今度は水道事業の広域化を事例研究したものを概観してみよう。水村・尾林（2018）は埼玉県秩父広域市町村圏組合に関する事例研究から広域化の課題として，1. 広域化後の説明不足，2. 一部料金の値上げに関する懸念，3. 水道局が各自治体に対して出資債の繰り出しを求めてきたこと，4. 業務委託が既に進んでいること等を挙げている[27)]。

新潟県では，「新潟県水道広域化推進プラン―持続可能な水道経営に向けて―（令和5年1月）」を作成して，持続可能な水道事業を実現させるために，県が市町村の区域を超えた広域化推進の方針を策定している[28)]。

本章では 2020 年 8 月 14 日から 9 月 11 日の間，新潟県にある 13 の水道事業体に対して，広域化に関する課題をヒアリング調査してみた。新潟県の水道事業体では，周辺自治体や県と広域化推進プランに沿って，検討をしていることが多い。ただ現実的には，離島も含めて地理的に施設統合が困難なことから，システム等のソフトな広域化に留まることが見られる。広域化の課題として，今後の人口減少や施設・管路の老朽化だけでなく，料金改定が考えられていた。

また，「新潟県広域化推進プラン（仮称）」の策定に向け，新潟県へ水道施設の位置，固定資産状況等の情報を提供している水道事業体もある。その際，一部事務組合から受水していると，水需要の減少に伴い受水費が経営を圧迫してしまう懸念が指摘されている。

それ以外に，隣接水道事業体と緊急時用連絡管の整備を実施しながら，広域化を検討している水道事業体もあった。もっとも，県主導で広域連携が想定さ

25)　中島（2018），141 頁。
26)　伊藤（2012），165-167 頁。
27)　水村・尾林（2018），101-103 頁。
28)　新潟県「新潟県水道広域化推進プラン―持続可能な水道経営に向けて―（令和5年1月）」，1 頁。

れるグループ内の水道施設の状況を整理している段階に留まるに過ぎない。新潟県では，地理的・施設能力的にハードな広域化は難しいかもしれない。県主体で現有資産状況調査と施設位置を確認するにしても，行政区域が広すぎるため，効率化が図りづらいケースも多いのであろう。

総務省「水道広域化推進プラン」の策定を推進するため，広域化プランの素案を提示する水道事業体もある。ここでも基盤強化を目的として何らかの広域連携は必要と考えているが，広域化が進む県と比べて県営水道事業を持たないため，早期の進捗は望めないと言う懸念が生じている。

水道事業の広域化を県主導ではなく，一部事務組合で水道事業を経営している水道事業体もあるが，人口減少に伴う料金収入の不足と水道インフラ強化のための効率的な事業運営が課題となっている。

前述の岩手県水道事業体に対する広域化のヒアリング調査から，広域化の主なデメリットとして確認されたことは以下の通りであった。1. 地理的な状況によっては施設統廃合が出来ず，メリットが生じにくいこと，2. 経営状況の良い事業体が経営状況の悪い事業体と統合すると良い事業体の負担が増すこと，3. 大規模，中規模事業体の統合は効率的な運営を行ってきた事業体にとって負担になること等を挙げている。水道事業の広域化は都道府県や規模の大きい水道事業体のリーダーシップが必要になる。ただ，県主導の広域化が乏しい地域ではノウハウがないため難しいと考えられている。

岩手県の都市部では，将来を見据えた施設整備や維持管理など事業運営が安定している。したがって，広域化するメリットが少なく，広域化に係る補助金の利用は可能かどうかが重要となる。小規模な事業体は，職員が少ないのと同時に，脆弱な財政基盤から広域化の進行で経営基盤は強化されるかもしれない。ただ，過疎地でも良質な水源を有している水道事業体では，地形的に施設の統廃合の余地が少ないことも考えられよう。既存の水源及び施設を活用する方が効率的であり，広域化に伴う統廃合のメリットが生じにくい。事業統合を伴う広域化は事業体ごとの事情によりハードルが高い。小さな事務の効率化から始まるソフトな広域連携でも，広域事業体との関係は強化される。隣接の水道事業体と継続したコミュニケーションが必要であると考えられている。

長谷・衣川（2018）は京都府の簡易水道事業を統合した広域化の事例研究を行っている。その結果，2017 年 4 月の福知山市全域を上水道に統合したことで料金格差は解消したが，合併 10 年で 300 円程度が上昇したという報告をしている[29)]。

また，水道事業の会計方式が企業会計と官庁会計とで異なることで，広域化を目的とした事業統合が難しいケースも考えられよう。水道事業は巨大施設を持つ装置産業であり，施設に関する減価償却費が費用で大きな割合を示すことが多い。ところが，官庁会計方式では施設に関する減価償却費を計上していない水道事業体もある。民間企業と同じ複式簿記を採用する水道事業は，地方公営企業法が全部適用されるが，簡易水道事業は任意適用となっている[30)]。

市町村レベルでは，会計方式が異なる隣接の簡易水道事業を水平的に統合することが極めて稀である。そのため，水道事業の水平的な統合は地理的な環境だけでなく，各水道事業体間の経営環境の違いによっても左右されてしまうことになる。簡易水道事業の経営状況や技術者数の人手不足は積極的な広域化の妨げになるかもしれない。ここでは都道府県レベルで簡易水道事業の現状について考えてみよう（表 5-1）。

1 人当たり過剰投資と水道料金の格差は変動係数が小さくなっている。逆に，有資格技術者数と実績年間有収水量は変動係数が大きく，都道府県でも格差が拡大している傾向にある。三重県，千葉県，茨城県の簡易水道事業は 1 人当たり過剰投資の割合が大きく，水需要予測と現実との乖離があるものと見られる。災害リスクプールの観点から，簡易水道事業でも技術者の割合が大きかったのは北海道や長野県であり，面積が広い地域で技術者が豊富となっている。

経営効率性の観点から，年間有収水量の割合が大きいのは，北海道や山梨県

29)　長谷・衣川（2018），68–76 頁。実際に簡易水道事業が広域化に与える影響を 2014 年 9 月 11 日から 12 日にかけて島根県にある 2 つの水道事業体にヒアリング調査してみた。その結果，島根県の水道事業では平成 28 年度の簡易水道統合により企業債残高が増加したため，財政状況がかなり悪化したという例もあることが分かった。

30)　石原・菊池（2011），11–31 頁。

表 5-1　都道府県別に見た簡易水道事業の現状

都道府県名	1人当たり過剰投資(%)	有資格技術者数(%)	実績年間有収水量(%)	水道料金格差(円)	都道府県名	1人当たり過剰投資(%)	有資格技術者数(%)	実績年間有収水量(%)	水道料金格差(円)
北海道	1.430	12.00 (121)	20.53	2,560	大阪府	0.000	0.00 (0)	0.000	0.00
青森県	1.830	3.27 (33)	1.260	2,800	兵庫県	0.330	1.09 (11)	1.240	1,360
岩手県	1.350	0.89 (9)	0.890	1,573	奈良県	1.940	1.49 (15)	0.890	2,369
宮城県	2.370	0.69 (7)	0.140	1,840	和歌山県	1.610	1.29 (13)	1.950	1,465
秋田県	2.010	3.87 (39)	3.190	3,292	鳥取県	2.140	0.89 (9)	1.840	3,000
山形県	2.480	3.17 (32)	1.180	2,981	島根県	0.710	0.79 (8)	0.890	1,728
福島県	1.980	3.17 (32)	2.940	3,028	岡山県	1.470	0.89 (9)	2.250	2,571
茨城県	4.030	0.79 (8)	1.300	3,100	広島県	0.420	0.60 (6)	0.640	1,290
栃木県	2.740	0.40 (4)	0.170	2,200	山口県	3.940	0.79 (8)	0.560	1,540
群馬県	2.840	2.48 (25)	5.020	3,685	徳島県	2.000	0.89 (9)	1.340	1,765
埼玉県	1.910	0.40 (4)	0.230	418	香川県	0.120	0.10 (1)	0.900	0.00
千葉県	5.960	0.40 (4)	0.260	341	愛媛県	3.130	1.19 (12)	1.150	2,633
東京都	1.520	0.79 (8)	0.690	1,810	高知県	0.160	2.08 (21)	4.000	3,201
神奈川県	2.280	0.60 (6)	0.770	1,078	福岡県	1.670	1.69 (17)	0.540	1,991
新潟県	2.070	1.39 (14)	4.880	5,432	佐賀県	3.720	1.39 (14)	0.380	2,700
富山県	1.520	0.60 (6)	1.330	1,524	長崎県	2.310	1.59 (16)	1.220	2,100
石川県	1.500	8.63 (87)	1.590	2,600	熊本県	1.880	3.08 (31)	3.910	2,594
福井県	2.550	3.47 (35)	2.900	4,833	大分県	2.760	2.38 (24)	0.840	2,350
山梨県	2.360	2.08 (21)	5.980	4,500	宮崎県	2.980	2.08 (21)	2.100	2,170
長野県	2.610	11.41 (115)	4.150	4,582	鹿児島県	2.170	4.27 (43)	2.990	2,400
岐阜県	1.830	1.59 (16)	3.140	2,116	沖縄県	0.610	1.59 (16)	1.200	3,202
静岡県	3.590	4.46 (45)	4.350	5,640	平均	2.127	2.127	2.128	2,317
愛知県	1.370	0.40 (4)	0.520	1,359	標準偏差	1.420	2.550	3.100	1,283
三重県	7.950	1.98 (20)	0.490	687	変動係数	0.667	1.199	1.457	0.554
滋賀県	0.940	0.30 (3)	0.710	1,053	最小	0.000	0.000	0.000	0.000
京都府	0.900	0.60 (6)	0.580	1,432	最大	7.950	12.00	20.53	5,640

（出所）図 5-2 と同じ。

である。良質の水源が豊富な地域の簡易水道事業では，比較的経営の効率性が高いものと推測されよう。家庭用水道料金で最大最小の格差が大きい都道府県は静岡県や新潟県である。地理的な環境が多様な地域では，水道管路の布設状況が複雑であり，水サービス供給の費用も異なることが考えられよう。

以上のことから，簡易水道事業はとりわけ地理的な環境の影響を受けながら，水サービス供給の費用が嵩んでしまう水道事業体が多いものと言えよう。特に，過疎地域の簡易水道事業は人口減少社会から料金収入が不足しており，新設や更新事業が難しいものと予測される。水道事業の広域化を進めるにしても，人口が点在している過疎地域では困難となろう。結果として，過疎地域にある水道事業体では企業債に頼る形での水道インフラ整備は増えることになる。そのため，簡易水道事業ではない水道事業体を分析対象に，今度は人口密度と 1 人当たり負債合計との関係を考えてみよう（図 5-4）。

図5-4　人口密度と1人当たり負債合計との関係

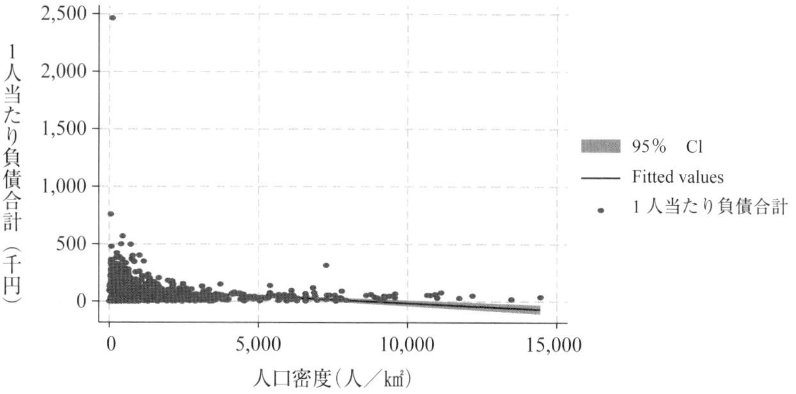

（注）観測数：1,301，相関係数：−0.216。
（出所）図5-1と同じ。

1人当たり負債合計は人口密度と負の相関関係があり[31]，過疎地域にある水道事業体の固定負債と流動負債の負担は重いものと考えられる。老朽化した水道インフラを整備するための企業債負担は過疎地域にあり，将来的には財政調整となる国や県からの補助金支給も検討しなければならないであろう。

しかし，過度な財政調整に頼る傾向は，水道事業の広域化を遅らせてしまう可能性もある。国や県も財政的に厳しく，水道事業の広域化を進めざるを得ないとも言えよう。負債を抱える水道事業体を統合することに反対する大規模水道事業体も増えており，独立採算が求められる水道事業体は料金の値上げも検討しなければならない。水源が豊富な地域では広域化を実現させなくても，水サービス供給の費用は安価であり，広域化のためのインセンティブがあまり生じないものと推測されよう。

それ以外にも，広域水道企業団に属する末端給水事業は，受水費が水道経営に大きな影響を及ぼす。したがって，広域化に伴う規模の経済から得られた経営の効率化と受水費の増加分を比較することで，多くの末端給水事業が広域化

31）　相関係数は5%有意水準を満たしている。

の是非を考えることになる。熊谷（2016）は用水供給事業からの受水費用を問題とするような説明があるものの，そもそも用水供給事業は水道事業の効率化のためのものであって，自前で行うより効率的なことを考える必要があると述べている[32]。香川県でも県レベルの広域化が実現した場合，自己水源の活用を一部放棄して，大規模な用水供給事業から受水を行う水道事業体もあろう。その際には，広域水道企業団からの受水費が経営に大きな影響を及ぼすかもしれない。

4. 香川県水道広域化前後における水不足事情について

香川県では，水道事業共通の水需要減少，施設更新，技術継承等だけでなく，渇水への対応や離島への通水，香川用水等の県独自の課題も有していた。そのため，香川県水道広域化専門委員会は，各水道事業の単独経営ではなく，県内1水道を目指すべきであるとした[33]。

香川県が水道広域化を目指した背景には，香川県固有の地理的な環境に伴う課題を考慮した面が多い。たとえば，水道広域化を目指していた当初の「香川県水道広域化専門委員会報告書（平成23年3月）」に基づけば，① 渇水調整，② 取水の半分近くを香川用水に依存，③ 少ない市町村数や水道事業体数，④ 離島の存在，⑤ 岡山県からの分水受水，⑥ 香川用水の省エネ（低炭素）型水供給システムと言った課題を示していた。水道広域化を議論した当初のシミュレーション分析では，現在の水道事業者が単独に行う事業経営から広域化による事業統合に変えることで，① 国庫補助金の活用や人件費・建設改良費等の削減等により，収益的収支がマイナスになる年度を2年遅らせる，② 内部留保がマイナスになる年度を4年遅らせると言う結果を出していた[34]。

2013年（平成25年）2月7日の「香川県水道広域化協議会　中間取りまとめ（概

32） 熊谷（2016），242頁。
33） 香川県水道広域化専門委員会「香川県内水道のあるべき姿に向けて（提言）―香川県民の方々への水道サービス水準の確保向上のために―（平成23年3月）」，1頁。
34） 香川県「香川県水道広域化専門委員会報告書（平成23年3月）」，1-17頁。

要)」では，広域化した方が30年間で，① 約1,663億円の経費削減がある，② 供給単価が1から1.5割程度低くなる，③ 浄水場維持管理費，建設改良費，人件費が補助金を含めて5,074億円削減される等のシミュレーション分析結果も加えている[35)]。香川県では各市町村の住民や水道事業体への説明責任を果たすため，シミュレーション分析を行っている。シミュレーション分析も幾つかの広域化形態を考慮していた。

2014年（平成26年）10月の「広域水道事業及びその事業体に関する基本的事項の取りまとめ」では，効率的な取水と安定的な給水を確保するために，① 香川用水と県内の自己水源を一元的に管理することや，② 県下を5ブロックに統括すると言った業務運営の方針を明らかにした[36)]。その後，香川県は広域水道事業体設立準備協議会を設けて，2015年（平成27年）5月12日から2017年（平成29年）8月30日の間に7回もの準備協議会を開催している。

第1回の準備協議会では「広域水道事業体の設立準備協議の基本方針（案）」を打ち出しており，広域水道施設の整備について① 香川用水を全量活用することや，② 基幹管路の更新及び耐震化を優先することを確認した[37)]。第2回の準備協議会では，「経年施設更新計画策定の基本的な考え方」を取りまとめられており，広域化を見据えた更新事業費の算出方法が示された[38)]。これまで2回行われた準備協議会の意味合いは，老朽化した水道インフラの整備を中心に議論したことであると考える。

第3回の準備協議会では，「財政収支の試算結果」が出された。ここでは広域化により，① 供給単価が73円（26%）される，② 多くの水道事業体で料金の上昇幅が抑制されるといった結果を確認している[39)]。また，第4回の準備協

35)　香川県「香川県水道広域化協議会　中間とりまとめ（概要）―将来にわたり安全な水道水を安定的に供給できる運営基盤の確立を目指して―（平成25年2月7日）」，6-7頁。

36)　香川県広域水道事業体検討協議会「広域水道事業及びその事業体に関する基本的事項の取りまとめ（平成26年10月）」，1頁。

37)　香川県「広域水道事業体の設立準備協議の基本方針（案）」，2頁。

38)　香川県「経年施設更新計画策定の基本的な考え方」，1-8頁。

39)　香川県「財政収支の試算結果」，1-7頁。

議会でも「財政収支の試算結果（平成28年3月現在）」を出しており，坂出市と善通寺市の加入も考慮して推計を見直した。ここでは一部事業体の事業費を変更させただけでなく，事業計画の策定に伴う財政収支の状況が変化することによって，水道料金も変更されてしまうことを明らかにした[40]。すなわち，第3回と第4回の準備協議会を通じて，料金収入を通じた水道インフラの整備状況を推計しているのが分かる。料金収入の増加は今後の水需要予測が大きく影響する。将来的な人口動態の変化まで予測するのは困難であり，精緻な試算結果を求めることは出来ないのかもしれない。特に，香川県では水不足による水需要の減少も考慮しなければならず，財政収支の試算は難しいと考える。

第5回の準備協議会では，人件費や事業費について，市町や県との間での負担割合変更の提案が行われた[41]。第6回の準備協議会では，組織・職員配置の体制，業務運営や施設整備の計画だけでなく財政運営も議論している。ここでは事業体間の公平性を保つため，水道料金を適切に設定しながら，2027年度（平成39年度）までに内部留保資金を料金収入の50%程度，企業債残高を料金収入の3.5倍以内となる財政運営の実現を目指すことを確認した[42]。第7回の準備協議会では，「香川県水道広域化基本計画（案）」が出されている。ここでは水道インフラの老朽化を改善するために，計画的な更新事業の実施や広域化水道施設整備のための財源確保を基本方針にしている。具体的には，①2027年度（平成39年度）まで国の交付金制度を活用した旧水道事業体ごとの区分経理を平成40年度に廃止すること，②2043年度（平成55年度）における内部留保資金を料金収入の50%にすること，③企業債残高を料金収入の3倍以内とすることを目指す内容となった[43]。その後，2018年（平成30年）4月から香川県広域水道企業団による水サービスの供給が開始されている。

40） 香川県「財政収支の試算結果（平成28年3月現在）」，1-8頁。
41） 香川県「準備協議会事業費の負担割合の変更（案）」，1-2頁。
42） 香川県「香川県水道広域化（基本）計画（案）（仮）（主要事項とりまとめ）」，1-13頁。
43） 香川県広域水道事業体設立準備協議会「香川県水道広域化基本計画（案）（平成29年）」，13頁。

2011 年（平成 23 年）3 月の委員会の開催，あるいはそれ以降に実施された準備協議会の内容から，香川県水道事業広域化が実現するまでの過程について考えてみよう。香川県では「水道事業広域化検討の手引き」に基づき，県主導の下 7 回もの準備協議会を開催し，綿密な打合せをしていた。重要なのは，協議会が水道事業経営のマネジメントに関する将来的な見通しに焦点を当てたことである。とりわけ，地方公営企業としての独立採算の制約条件を課されるのと同時に，水道財政の持続可能性を考慮しながら，様々な更新事業に伴う費用とその財源を推計する作業に時間を費やしていたと言えよう。

ただ現実的には，様々なシミュレーション分析に基づく試算結果も前提条件が変わることで大きく異なってしまう。人口減少下社会であるだけでなく，予測不可能な気候変動により発生した水不足は，試算結果に大きな影響を及ぼすことになろう。特に，香川県は水不足が深刻な課題となっており，水需要予測が大きく変化することが想定される。水道事業の経営のみを議論した広域化の検討には，限界があると言えよう。香川県における水道事業広域化の検討において，当初課題に挙げられていたものは，渇水等に伴う水不足への対応と安定的な水源の確保である。

しかし，香川県での水道事業広域化準備協議会においては，安定的な水供給を実現させるために，水源をいかに確保するかについては，あまり議論されていないように思える。その理由として，「水道事業広域化検討の手引き」や「水道事業広域化計画」が県主導の広域化を目指していることが影響していると考えられよう。そのため，本章では香川県水道事業広域化前後のデータを利用して，香川県の水不足事情について定量的に考えることを目的にしている。

香川県水道事業の広域化について，県は様々な広域化が経営にプラスとなる試算結果を出してきた。それに対して，香川県水道事業の広域化に反対する先行研究もある。中谷（2018）は香川県主導の施設統合を通じたダウンサイジングによる広域化の推進が自己水源の廃止，住民自治の無視，香川県用水全量活用の基本方針の喪失，料金値上げに対する情報公開の疑念を招くことについて問題視している[44]。

水需要が豊富となる都市部の水道環境を維持するために，ダム建設を行ったものであれば問題はない。ただ，地理的な環境からダムを水源に頼るしかない水道事業体は渇水の問題に直面する可能性は高い。2012年8月から9月にかけて，大阪府下にある水道事業体にヒアリング調査した際にも，ダムを水源とする水道事業体では渇水対策を積極的に行っていることが分かっている。

四国地方にある水道事業体で共通している課題は水不足である。沖縄県と同じように，陸続きでないことから河川を通じた伏流水に頼ることが難しい。大規模企業を誘致するための工業用水は供給が困難となっているのが現状である。それゆえ，香川県でも渇水対策が重要な施策として位置付けられている。ここでは『水道統計（平成21～令和3年度）』に基づき，2018年度（平成30年度）広域化前後の渇水状況について考えてみよう。

『水道統計（令和3年度）』から四国地方にある水道事業体の主な水源を確認しておくと，徳島県が浅井戸7体に続いて，ダム直接・ダム放流が徳島市を含む5体となっている。愛媛県でも浅井戸11体に続いて，ダム直接・ダム放流が松山市を含む8体である。高知県では浅井戸6体，深井戸4体と井戸水が多く，高知市のみがダム直接・ダム放流となっている。香川県は広域水道企業団の単独供給であり，ダム直接・ダム放流による水サービス供給が行われている。すなわち，都市部では水需要が多く，積極的にダムを建設することで水不足を補っている。

前述の愛媛県で行ったヒアリング調査に基づけば，大口の水利用を行う企業が進出することにより農業用水が不足してしまうと言う問題が指摘されていた。したがって，自己水源となる井戸水に頼る形での自給自足を選択するか，あるいは都市化を目指すダム建設を通じた水供給を選択するかで，各市町村の将来的方針が異なってしまう。

人口が減少した小規模自治体の存在を認めることで，老朽化した水道インフ

44） 中谷（2018），41-48頁。

ラの更新が遅れるだけでなく，国も財政調整を目的とした補助金のための財源徴収が必要となってくる。徳島県や愛媛県では農業の持続可能性を重視する一方で，香川県では水道インフラ更新のために広域化を目指したとも言えよう。過疎地の地方自治を認めて，水道管路等の老朽化を見過ごすか，あるいは水道事業の経営効率化を目指して，自治の存続を断念するかは，各自治体の価値判断により異なってくるのかもしれない。

渇水で減圧給水となる水道事業体は全国でも非常に稀である。それにもかかわらず，四国地方では渇水に悩む水道事業体が幾つかある。広域化が実現する前の2009年度（平成21年度）から2018年度（平成30年度）までにおいて，2009年度（平成21年度）と2013年度（平成25年度）のみ香川県では渇水の影響により減圧給水を行う水道事業体が存在した。具体的には，2009年度（平成21年度）と2013年度（平成25年度）に高松市，丸亀市，観音寺市，2009年度（平成21年度）に宇多津町，三木町，さぬき市の住民が水不足により経済活動が困難となった。広域化が実現した2018年度（平成30年度）以降では，広域水道企業団による単独給水で減圧給水が行われた年はなかった[45)]。すなわち，渇水対策の観点から立てば，香川県の水道事業広域化は水不足を想定しながら，安定的な水サービスの供給に貢献していると言えよう。

もっとも，渇水の影響を受けていなくても断水による影響を受けている可能性がある。そのため，渇水と同じような作業を断水でも行ってみよう。ここでは断水区域給水人口を断水時間（時間/年）で除することで，1年間での断水1時間当たりでの断水区域給水人口を算出した（以降，これを断水人口と呼ぶ）。

1時間当たりの断水人口は，2009年度（平成21年度）から2017年度（平成29年度）にかけて平均だと，徳島県で26.44人/時，香川県で22.41人/時，愛媛県で17.74人/時，高知県で38.79人/時となっている。2009年度（平成21年度）から2017年度（平成29年度）では徳島県が11.97人/時から30.86人/時程度で断水人口が推移しており，2017年度（平成29年度）北島町で大規模断水が起

45)　それ以外だと，愛媛県の松山市で2009（平成21）から2021（令和3）年度にかけて5回も大規模な渇水による減圧給水が行われている。

こったことから平均値が著しく増加した。香川県では広域企業団が設立する前の2009年度（平成21年度）から2017年度（平成29年度）だと，8.60人/時から18.73人/時程度で推移していたものの，多度津町で大規模断水が2010年度（平成22年度）に起こったことから平均値が増加した。

愛媛県では2009年度（平成21年度）から2017年度（平成29年度）にかけて9.57人/時から25.36人/時程度で推移していたものの，宇和島市や松山市等で2015年度（平成27年度）から2017年度（平成29年度）に大規模断水が起こったことから平均値が増加した。高知県では2011年度（平成23年度）と2012年度（24年度）にそれぞれ2011年度（平成23年度）高知市，須崎市，2012年度（平成24年度）室戸市で大規模水害が起こったことから平均値が増加した。

香川県は平均で考えると，他の四国地方の県より断水人口は少ないのだが，断水が起こった水道事業体数で考えると，香川県は最も多くなっている。すなわち，香川県以外の四国地方では特定の水道事業体が異常値を出すことで平均が高くなる傾向にある。一方で，香川県ではほとんど全ての水道事業体で断水が毎年起こっている。したがって，香川県では安定的な水サービスを供給するために，大規模な用水供給事業を設立する必要性があったと言えよう。

香川県広域水道企業団が設立されて以降，2018年度（平成30年度）7.29人/時，令和元年度には3.76人/時と深刻な断水人口は大きく改善された。それ以降の年度では，2020年度（令和2年度）12.55人/時，2021年度（令和3年度）14.27人/時と推移しており，時系列で断水人口は増加傾向にある。ただそれでも，広域化前の平均と比べて大幅に断水人口が改善されており，水源確保の観点のみから評価すれば，香川県広域水道企業団設立の貢献度は大きいものと言えよう。

四国地方で香川県以外の県にある水道事業体について考えてみると，徳島県や高知県は自己水源に頼る水道事業体が多く，渇水による減圧給水で不自由するケースは見られなかった。住民自治や農業の持続可能性等を考慮して，広域化を進める必要性は低いと考えられよう。ただ，愛媛県では大規模断水が毎年特定の市町村で起こっており，一部事務組合や企業団と言った狭い範囲での小規模な広域化が求められるのかもしれない。

おわりに

水道事業では，水道インフラの老朽化からそれを更新するための料金値上げが必要となっている。その一方で，水サービスの供給は住民の生命維持に必要不可欠であり，料金の値上げは水道法で規制されている。したがって，経営効率化を目的とした水道事業の広域化が声高に叫ばれるようになった。もっとも，県レベルでも人口規模が各地域で異なっており，広域化も市町村合併や一部事務組合と言った部分的なものに留まるものもある。結果として，水道事業の広域化も経営の効率化から危機管理等も含めたソフトな施設の共同化を求めるものに変化してきた。

このような状況下で，香川県は県レベルでの水道事業広域化を行っている。香川県では水不足が深刻であり，水の安定的な供給を実現させるため，2018 年（平成 30 年）4 月から香川県水道広域企業団による単独の水サービス供給を開始した。本章では，2018 年度（平成 30 年度）香川県広域水道企業団の設立前後において見られた渇水による減圧給水と断水影響人口に着目しながら，香川県水道事業の広域化を定量的に評価することを目的としている。

2009 年度（平成 21 年度）から 2017 年度（平成 29 年度）の広域化が実現する前では，2009 年度（平成 21 年度）と 2013 年度（平成 25 年度）において，香川県の幾つかの水道事業体が減圧給水となっていた。2018 年度（平成 30 年度）の広域化が実現されて以降は，渇水による減圧給水は行われていない。また，広域化が実現される前には，毎年のように断水で住民の生活を不自由にさせてしまうような水道事業体が複数あった。ところが，県レベルでの広域水道企業団による水サービスの供給が行われるようになると，広域化前の 2009 年度（平成 21 年度）から 2017 年度（平成 29 年度）にかけて，平均 22.41 人 / 時であったものが 2018 年度（平成 30 年度）7.29 人 / 時，2019 年度（令和元年度）には 3.76 人 / 時へと深刻な断水人口が大きく改善されている。そのため，水サービス供給の安定化の観点から捉えると，香川県水道事業の広域化は一定の成果を上げたと言えよう。

しかし，本章では幾つかの課題が残されたのも事実である。具体的には，水道事業の経営マネジメントの観点から，本章では香川県水道事業の広域化を定量的に評価していない。また，ソフトな水道事業の広域化についても危機管理等の観点，たとえば水道技術者の人手不足等から広域化を見ていない。これらについては，今後の研究課題とする。

付記　本章は桃山学院大学 23 連 297「公共事業に関わるマネジメントの課題と展望」の研究助成を受けた成果の一部である。もっとも，当然ではあるが本章における見解とその誤りは全て著者にある。

参考文献

石原俊彦・菊池明敏（2011）『地方公営企業経営論』関西学院大学出版会。

伊藤志のぶ（2012）「水道事業広域化の可能性と課題」『名城論叢』第 12 巻第 4 号。

尾林芳匡（2018）「Ⅱ－2　水道の民営化・広域化を考える」尾林芳匡・渡辺卓也編著『水道の民営化・広域化を考える』自治体研究社。

熊谷和哉（2016）『水道事業の現在位置と将来』水道産業新聞社。

水道事業経営研究会編（2022）『水道経営ハンドブック―第二次改訂版―』ぎょうせい。

中島正博（2018）「Ⅱ－1　上水道インフラの更新における広域性と効率性」尾林芳匡・渡辺卓也編著『水道の民営化・広域化を考える』自治体研究社。

中谷真裕美（2018）「香川県―県主導の水道広域化の矛盾」尾林芳匡・渡辺卓也編著『水道の民営化・広域化を考える』自治体研究社。

長谷博司・衣川浩司（2018）「Ⅰ－4　京都府 簡易水道と上水道の統合」尾林芳匡・渡辺卓也編著『水道の民営化・広域化を考える』自治体研究社。

中村欣央・瀬戸隆一・大山剛史（2017）「第 3 章　課題への対応①：広域化」地下誠二監修『水道事業の経営改革』ダイヤモンド社。

日置潤一（2019）「第 13 章　水道事業の広域化戦略」山本哲三・佐藤裕弥編著『上下水道事業―再構築と産業化―』中央経済社。

水村健治・尾林芳匡（2018）「Ⅰ－6　埼玉県秩父郡小鹿野町民の水源・浄水場を守る運動」尾林芳匡・渡辺卓也編著『水道の民営化・広域化を考える』自治体研究社。

〈参考資料〉

香川県「香川県水道広域化協議会　中間とりまとめ（概要）―将来にわたり安全な水道水を安定的に供給できる運営基盤の確立を目指して―（平成 25 年 2 月 7 日）」，https://www.pref.kagawa.lg.jp/documents/5881/spd4cx151202235155_f03_1.

pdf，2024 年 3 月 30 日アクセス。
香川県「香川県水道広域化（基本）計画（案）（仮）（重要事項とりまとめ）」，https://www.pref.kagawa.lg.jp/documents/5879/sx933m151204132151_f82_1.pdf，2024 年 3 月 30 日アクセス。
香川県「香川県水道広域化専門委員会報告書（平成 23 年 3 月）」，https://www.pref.kagawa.lg.jp/documents/5881/spd4cx151202235155_f02_1.pdf，2024 年 3 月 30 日アクセス。
香川県「経年施設更新計画策定の基本的な考え方」，https://www.pref.kagawa.lg.jp/documents/5879/sx933m151204132151_f04_1.pdf，2024 年 3 月 30 日アクセス。
香川県「広域水道事業体の設立準備協議の基本方針（案）」，https://www.pref.kagawa.lg.jp/documents/5879/sx933m151204132151_f15_1.pdf，2024 年 3 月 30 日アクセス。
香川県「財政収支の試算結果」，https://www.pref.kagawa.lg.jp/documents/5879/sx933m151204132151_f38_1.pdf，2024 年 3 月 30 日アクセス。
香川県「財政収支の試算結果（平成 28 年 3 月現在）」，https://www.pref.kagawa.lg.jp/documents/5879/sx933m151204132151_f53_1.pdf，2024 年 3 月 30 日アクセス。
香川県「準備協議会事業費の負担割合の変更（案）」，https://www.pref.kagawa.lg.jp/documents/5879/sx933m151204132151_f60_1.pdf，2024 年 3 月 30 日アクセス。
香川県広域水道事業体検討協議会「広域水道事業及びその事業体に関する基本的事項の取りまとめ（平成 26 年 10 月）」，https://www.pref.kagawa.lg.jp/documents/5881/spd4cx151202235155_f05_1.pdf，2024 年 3 月 30 日アクセス。
香川県広域水道事業体設立準備協議会「香川県水道広域化基本計画（案）（平成 29 年）」，https://www.pref.kagawa.lg.jp/documents/5879/sx933m151204132151_f81_1.pdf，2024 年 3 月 30 日アクセス。
香川県水道広域化専門委員会「香川県内水道のあるべき姿に向けて（提言）―香川県民の方々への水道サービス水準の確保向上のために―（平成 23 年 3 月）」，https://www.pref.kagawa.lg.jp/documents/5881/spd4cx151202235155_f01_1.pdf，2024 年 3 月 30 日アクセス。
厚生労働省「インフラ長寿命化計画（行動計画）（平成 27 から 32 年度）」，https://www.mhlw.go.jp/topics/2015/04/dl/tp0416-01.pdf，2023 年 3 月 31 日アクセス。
厚生労働省「新水道ビジョン推進のための地域懇談会（第 10 回）」，https://www.mhlw.go.jp/seisakunitsuite/bunya/topics/bukyoku/kenkou/suido/newvision/chiikikondan/10/suishin_kondan_10-1.pdf，2023 年 3 月 30 日アクセス。
総務省自治財政局公営企業経営室「水道事業についての現状と課題（平成 30 年 1 月）」，https://www.soumu.go.jp/main_content/000562829.pdf，2024 年 3 月 29 日アクセス。
総務省・厚生労働省「水道広域化推進プラン策定マニュアル（平成 31 年 3 月）」，https://www.mhlw.go.jp/content/000498031.pdf，2024 年 3 月 31 日アクセス。
新潟県「新潟県水道広域化推進プラン―持続可能な水道経営に向けて―（令和 5 年 1 月）」，https://www.pref.niigata.lg.jp/uploaded/life/552689_1517990_misc.pdf，2024 年 3 月 29 日アクセス。
日本水道協会「水道事業の運営基盤強化に関するアンケート調査―平成 28 年度実

施―（平成 29 年 3 月）」，https://www.wide-ppp.jwwa.or.jp/upfile/pdf/H28_questionnaire_uneikibankyouka.pdf，2024 年 3 月 29 日アクセス。

日本水道協会「水道料金算定要領（平成 27 年 2 月）」，http://www.jwwa.or.jp/houkokusyo/pdf/suidou_santei/suidou_santei_02.pdf，2024 年 3 月 31 日アクセス。

日本水道協会「水道広域化検討の手引き―水道ビジョンの推進のために―」，https://www.mhlw.go.jp/topics/bukyoku/kenkou/suido/kouikika/dl/08.pdf，2024 年 3 月 29 日アクセス。

日本水道協会編『水道統計（平成 21～令和 3 年度）』

早稲田大学総合研究機構水循環システム研究所シンポジウム「パネルディスカッション「上下水道の官民連携と災害」―官民連携導入と災害時への万全な対応とポイントを探る―」，https://www.waseda.jp/inst/cro/assets/uploads/2020/07/0a6c398a868709eef968c455893f8eac.pdf，2024 年 3 月 29 日アクセス。

第 6 章

我が国財政の持続可能性
――カナダの財政再建を事例として――

広 瀬 義 朗

はじめに

本章の目的は，カナダの財政再建の事例を通じて我が国財政の持続可能性について論じることにある。先進諸国では，社会の成熟化が進み，少子化と高齢化は共通の課題となっている。少子化は，やがて生産年齢人口の減少を招き，高齢化は社会保障関連の支出拡大に繋がる。他方，成熟した社会の中では発展途上国のように高い経済成長は見込めず，税収の確保が難しくなる。質の高い公共サービスの提供とよりよい生活水準の維持のためには，給付と負担の一致が大前提となる。給付を求めるだけでは財源は何れ枯渇し，財政は破綻してしまう。財政の持続可能性を高めるためには，負担の増大か給付の削減をも受け入れなければならない。本章では，税財政改革によって財政再建を果たし，成長軌道に乗ったカナダの成長戦略等を参考にしながら我が国財政の持続可能性について考察する。

1. カナダおよび我が国のマクロ経済指標と税収構造比較

1-1　バブル経済崩壊後我が国経済の概要とカナダ

我が国はバブル経済崩壊後，景気回復の名目の下で度重なる景気対策や所得税減税を行った。政府は，景気回復を本格的に軌道に乗せるためには公共事業中心の支出増を図った。所得税減税による税収不足と景気対策等の歳出拡大による財政収支の悪化は経済に悪影響をおよぼし，また大規模な公共投資は経済成長に思うように寄与せず，繰り返された成長戦略は結果として巨額な政府債務の累積をもたらした。

一方で，政府は，税収の確保を試みたとはいい難い，超少子高齢社会を迎えながら，EU 諸国のように付加価値税増税による税収の確保は十分に実施されず，政府はアメリカのように所得課税中心の税制でありながら所得税の増税を行い，税収の確保を目指した訳でもない。我が国は，バブル経済崩壊後に税収不足に陥ったことは明らかなのである。その間高齢化は着実に進み，歳出はますます増大したのである。

上で述べたように，バブル経済崩壊後，不況の「失われた 10 年」「失われた 20 年」を経験し，我が国財政の持続可能性の真価が問われている。本章では，カナダの先行事例に注目し，我が国財政の持続可能性について考察を行う。

なぜカナダに注目するのか，をここで述べよう。カナダは巨額の財政赤字を抱えながらも財政再建と経済成長の 2 つを同時に達成した国だからである。財政の持続可能性を保つためには，経済成長のみならず生産年齢人口の維持や子育てによる支援も必要となる。また人口減を防ぎ人口を維持するためには，合計特殊出生率を 2.07 程度にまで引き上げなければならない。少子化は先進国共通の課題であるが，一時期合計特殊出生率 2.0 を大きく下回りながら 1990 年代から 2000 年代にかけて合計特殊出生率を 2.0 程度まで回復させたのはスウェーデンとフランスであった。他の先進国の家族支援，子育て支援を学ぶことは，未だに合計特殊出生率 1.5 を超えられず，少子化に対して有効な政策を得られていない我が国にとって非常に参考になるのではないか。但し，本章ではスウェーデンについては触れず，フランスの子育て支援や政府の政策と合わせて若干の考察を加える。なお，本章では国民負担率の高いフランスに進出した日系企業の租税・社会保障負担にも若干触れる。というのも，企業の租税・社会保障負担は，財政の持続可能性を高める上で財源の確保として必要となるからである。

1-2　マクロ経済指標と税収構造

まず，カナダのマクロ経済指標について確認しよう。図 6-1 は，1970 年度から 2018 年度にかけてカナダの名目 GDP 成長率と税収の対前年度比の推移を表す。図 6-1 の全体的な傾向として，1970 年代に GDP は 10%以上の高い成長率を達成していることが分かる。その後 1980 年代の成長率は 10%前後，1990 年代には 5%以上を記録し，2000 年代にも 2009 年のリーマンショックの影響を除けば 5%以上の成長率を達成している。2015 年度の大幅な落ち込みは，ギリシャに端を発した EU の経済危機の影響を受けたものである。名目 GDP 成長率と税収の動向をみると，1970 年代から 1980 年代にかけて少しずつであるが両者の動きが連動しているようにも見受けられる。名目 GDP 成長率と税収の詳しい相関については，第 3 節にて述べる。

カナダの経済は，第 3 次産業中心であるが，世界第 2 の面積を誇る広大な土地には林業や農業中心の第 1 次産業も盛んであり，第 2 次産業の鉱業や製造業もある。隣国アメリカの経済の影響を受けやすく，カナダとアメリカの名目

図 6-1　カナダの GDP 成長率（名目）と税収（対前年度比）の推移，1970-2018 年

（出所）http://stats.oecd.org/Index.aspx?DatasetCode=SNA_TABLE1, Department of Finance（2023）, p. 11 より作成。

図 6-2　日本の GDP 成長率（名目）と税収（対前年度比）の推移，1970–2018 年度

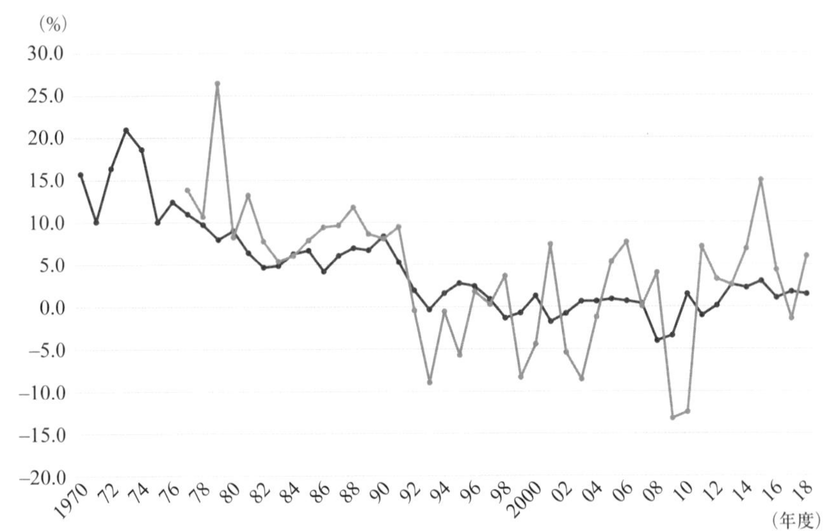

（出所）財務省 HP　https://www.mof.go.jp/budget/fiscal_condition/basic_data/ より作成。

図 6-3　カナダ連邦租税収入（対 GDP 比）の推移，1970–2018 年度

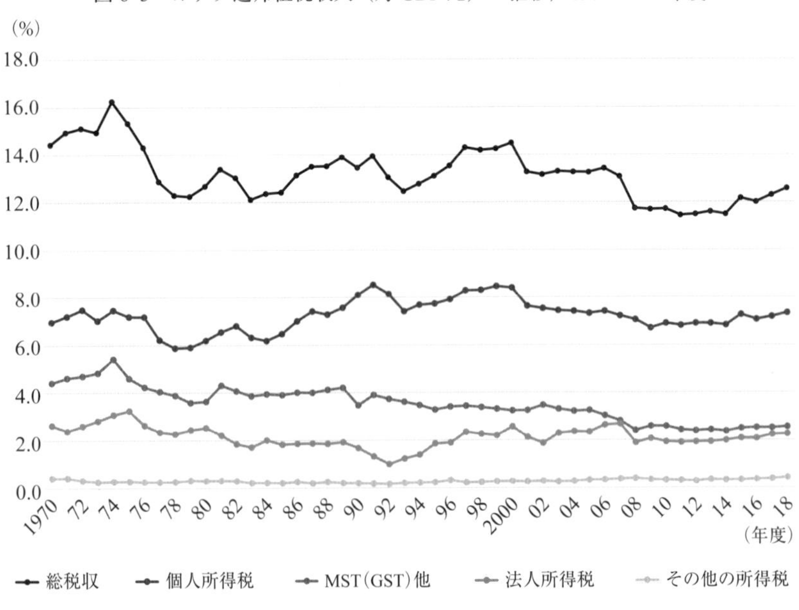

（出所）Department of Canada（2023），p. 11 より作成。

GDPに占める税収の割合をみると，両国では同じような推移を表している[1)]。

他方，我が国のGDP成長率と税収は，どのような動向を示したのであろうか。図6-2は，カナダと同時期の名目GDP成長率と税収の対前年度比の推移を表している。カナダとの比較において，我が国のGDPと税収はあまり連動しているようにみられない。ということは，経済規模の拡大と税収増が結びついていないともいえる。

また1970年度から2018年度にかけて我が国の名目GDPに占める税収割合は，1970年代で約10%前後，1980年代から1990年代にかけて10%超，2000年代以降は10%程度，2010年代以降も同程度である。

さらに我が国の2023年度一般会計当初予算をみると，歳入114兆円のうち租税収入は約78兆円であり，残りを公債金36兆円で賄っている。主要税目は消費税，所得税，法人税の順であり，税額はそれぞれ23兆円，21兆円，15兆円である。またその他税収10兆円と税外収入9兆円を加えると計78兆円になる。我が国の2023年度名目GDPは591兆円であり，租税収入の対GDP比は13.7%である。消費税，所得税，法人税の対GDP比はそれぞれ3.89%，3.55%，2.54%である。図6-3は，1970年度から2018年度にかけてカナダの連邦租税収入の対GDP比を表す。総税収の対GDP比は，10%から15%前後を推移しており，我が国とカナダの租税収入のシェアはそれほど大きく変わらないといえる。

以下では，租税収入に関わる両国の税制改革を概観することにしよう。

2. カナダおよび我が国の税制改革の概要

2-1　カナダの税制改革――1960年代のカーター委員会報告から1980年代のウィルソンの税制改革まで

税制とは，各国の世相や特徴を反映する指標の1つである。北欧諸国のよう

---

1)　広瀬（2016），173-174頁。同論文では，カナダおよびアメリカの1965年度から2010年度にかけてのGDPに占める税収割合の推移や2008年度のGDPに占める税収割合を表している。

に，租税負担率が高くとも公共サービスが充実していれば，共助や課税に対する国民の理解は得やすいと考えられる。他方で課税をできるだけ抑え，限られた財源で公共サービスを提供するアメリカのような自助優先の国もある。

G. エスピン＝アンデルセン（2001）によれば，福祉国家はスウェーデンのような北欧諸国にみられる社会民主主義レジーム，ラテン系の系譜をもつフランスやゲルマン系のドイツのような一部ゲルマン系の保守主義レジーム，イギリスやアメリカのアングロ・サクソン系の自由主義レジームの3つに分類される。カナダと我が国は，自由主義レジームに含まれる。

ここで，自由主義レジームに含まれるカナダと我が国には，税制においてどのような特徴があるのかを検討しよう。まず，カナダの税財政について検討する。戦後，カナダの税制において租税体系の指針となったのは，カーター委員会報告である。これは，ディフェンベーカー政権時の1966年に公表された。カーター委員会報告は，課税の公平性と中立性を最重視し，包括的所得税理論に基づいた租税体系の構築，所得税中心主義，個人所得税および法人所得税の完全統合，製造業者売上税（Manufacture's Sales Tax：MST）に代わる小売売上税（Retail Sales Tax：RST）を勧告した。また図6–3から，カナダは個人所得税中心であることが分かる。以上から，租税構造が所得税中心となったのである。

カーター委員会報告が公表された後には，1971年のベンソンの税制改革がある。1971年税制改革は，トルドー政権時の財務相の名からベンソンの税制改革と呼ばれる。カーター委員会報告では，第1にキャピタル・ゲインの全額課税を提唱したが，その勧告を受けてベンソンの税制改革では全額課税とまではならなかったものの，それまで非課税であったキャピタル・ゲインを課税ベースの2分の1にまで割合を高めた。包括的所得税理論に照らせば，課税ベースに入れたことは一歩前進したことになる。

第2に，贈与税および遺産税を廃止した。これまでカナダでは連邦による贈与税および遺産税を課してきたが，ベンソンの税制改革で廃止され，これに代わりみなし実現によるキャピタル・ゲインの2分の1に対して所得課税されることになる。これ以後，連邦による贈与税および遺産税に対する課税は行われていない。

但し，カーター委員会報告の勧告はすべて実行された訳でなく，個人所得税および法人所得税の統合，等々は現在も見送られたままである。

次に，1981 年税制改革（マックイーカンの税制改革：所得税改革と卸売売上税の提案）について述べる。1981 年に行われた改革は，ベンソンの場合と同じように財務相の名からマックイーカンの税制改革と呼ばれる。マックイーカンの税制改革の第 1 は，所得税改革である。連邦所得税改革の基本目標は，“財政統制・公平・経済の再生”であるとした。この基本目標を達成するために，課税ベースの拡大と最高限界税率の引下げが提案され（43 → 34%），ブラケット（課税所得に基づく階層区分）も同時に削減された（13 → 10 段階）[2)]。当時所得類型別でみた場合，給与所得者は所得をほぼ 100%把捉されたのに対して，老齢年金給付者は 60%程度しか把捉されないという課税ベースの問題点があった[3)]。さらに各種控除により高所得層ほど控除の割合は大きくなり，低所得層以上に便益を受けているという問題もあった。これらの問題を解決するために，所得税改革が必要であった。

所得税改革の内容は，① 従業員に対する現物付加給付（フリンジ・ベネフィット），② 従業員および株主に対する貸付け，③ 社債等に係る利子の収益計上基準，④ 資産又は建物に対する減価償却費を 2 分の 1 に減額，⑤ 法人および職業団体の取得した芸術作品および骨董品に対し，減価償却の不認可，⑥ 資産所得を得るための借入金に係る支払利子の控除，⑦ 非居住者に対する貸付け，⑧ 税率の変更，⑨ 法人に係る付加税，⑩ 非居住者課税，の 10 項目である[4)]。

改革の内容の第 2 は，売上税改革である。マックイーカン財務相は，ベンソンの税制改革で手つかずのままであった連邦売上税を，カーター委員会報告の勧告に基づいて改革することに意欲をみせる。カーター委員会報告では，欠陥の多い連邦の MST に対して批判が絶えないので，売上税改革が急務だとし，

2）　広瀬（2009），18 頁。
3）　川田（1985），13-14 頁。
4）　日本租税研究協会（1982），62-63 頁。

MST に代わる RST への転換が提唱されたが，1981 年税制改革では RST でなく卸売売上税（Wholesales Tax：WST）が提案された。これは，1977 年に出されたブラウンペーパー（The Brown Paper）に基づいた勧告である。ブラウンペーパーでは，先のグリーンペーパー（1975 年の勧告）で提案されたのと同じように，同じ RST を課す州との課税ベース等々の調整が大きな障害になり，RST よりも反対の少ない WST の方が有利であり，しかも管理しやすいと述べている[5]。

最後に，1987 年税制改革（ウィルソンの税制改革：所得税改革，法人税改革，売上税改革の三位一体改革）について述べる。1984 年の総選挙で勝利したマルルーニは，緊縮財政を掲げ，財政赤字の削減に取り組んでいく。後に述べるように，最終的に財政を再建するのはマルルーニ政権ではないが，後の財政再建に大きく寄与することを述べる。

まず，マルルーニ政権時の税制改革の内容を確認しよう。マルルーニ首相は，増税というよりも連邦の財政赤字削減に力を注ぐ。具体的には，大幅な連邦の支出削減，租税負担の軽減，規制緩和，経済成長，雇用創出，民間部門の生産性の向上，国際競争力の強化である。歳出の見直しを課題と位置づけ，政権発足後に立ち上げられたニールセン特別委員会では，広範囲にわたる支出プログラムを再検討した[6]。

但しマルルーニ政権にとって財政再建は，重要課題に違いなかったが，最も力を注いだのは，アメリカとの自由貿易協定（Free Trade Agreement：FTA）の合意である。FTA 締結により関税障壁がなくなることでアメリカとの自由貿易が促進され，カナダの雇用創出に繋がると世論に訴え，首相の座を勝ち取った。マルルーニ政権は，企業間の国際競争力を高め，経済を活性化させることによって税収増を目指したのである。

マルルーニ政権時の税財政改革は，第 1 に，上で述べた連邦の大幅な支出削減にみられる。地方政府向け移転支出の削減，とりわけ社会扶助（CAP）が削減の対象となる。根本（1999）は，CAP における財政負担をめぐる連邦—州間

5） Whalley and Fretz（1990）, p. 62.

6） Hale（2002）, pp. 183–184.

の変化について以下のように述べる。「1990年代に入ると，CAPに関して連邦と州政府との財政負担の上で変化が現れた。すなわち，法律の上では連邦と州政府の財政負担は折半とすると謳ってあるにもかかわらず，1990年度から1994年度の5年間に限り，いわゆる“もてる”州であるオンタリオ，アルバータおよびブリティッシュ・コロンビアの3州については連邦補助を前年比5%増以内とするという上限規定が設けられたのである。（中略）CAPの実施に関する財政支出の増嵩については，インフレ，事業の拡大・内容の改善など，いかなる理由があろうと，前年比5%増以上の連邦政府による支出負担はなくなった[7)]。」のである。

第2に，個人向け移転支出の削減である。連邦には，児童に対して3つの給付形態（児童扶養控除，家族手当，還付付き児童税額控除）があるが，全国福祉協議会（National Council of Welfare）による「この制度は社会政策上意味を成していない」との指摘に基づき，改編されることになる[8)]。まず，1987年税制改革，とりわけ所得税制改革の一環として所得控除が税額控除に変更されることから，児童扶養控除は廃止され，代わって還付のない児童税額控除（Non-Refundable Tax Credit：NRTC）が新設され，翌1988年より実施されることになった。要するに，児童に対する3つの給付形態は，家族手当，還付付き児童税額控除，還付のない児童税額控除に変更されたのである。

さらに，児童給付は改編される。連邦政府は，1992年に上の児童給付の3形態を一括りとし，児童税額給付（Child Tax Benefit：CTB）を創設した。

第3に，税制改革である。1980年代初頭のイギリスや1980年代半ばアメリカでの税制改革が行われたことである。2つの国の税制改革はカナダに影響をおよぼしている。

その流れを受けて，カナダでは1987年に税制改革が行われた。これは，所得税改革，法人税改革，売上税改革の3つを同時に行おうとするものであり，カナダ税制史における重要な改革である。具体的には，法人および個人所得課

7）　根本（1999），194-195頁。またカッコ内，筆者挿入。
8）　都村（1999），170-171頁。

税を見直すものである。所得税改革の基本目標は，①公平，②バランス，③安定収入と確実性，④税収中立，⑤国際的競争性，⑥地域の特別需要，⑦経済効率および経済成長の促進，⑧移行規定，⑨最終法案作成前の幅広い協議，の9つであった[9]。その改革案には，課税最低限の引上げ[10]と同時にブラケットを削減し（10→3段階），所得控除（基礎控除および配偶者控除等各種人的控除その他の所得控除）から税額控除への転換[11]や一世帯につき3人まで扶養手当給付の拡大（一方で成人に対する税額控除の縮小）と同時に家族手当の削減（一方，総収入が2万ドル以下の低所得者に対して児童税額控除の拡充）等が含まれた。

1987年税制改革は，個人所得税を減税し，法人所得税の法定税率を引下げ，加えて租税特別措置の縮小・廃止による課税ベースの拡大で減税を埋め合わせることを企図していた。個人所得税は，以後5年間で約110億ドルの減収を見込み，一方法人所得税は，同時期約50億ドルの増収を見込んでいた。不足分は，現行の連邦売上税率の引上げによって確保する見込みであった。

この改革は，歳入中立であったものの，個人所得税および法人所得税の租税特別措置の縮小・廃止による課税ベースの拡大等により，景気が回復すれば数年後に税収増が見込めるため，むしろ課題は歳出面にあった。

実際，緊縮財政の下での歳出削減は，大きく行われなかった。結局，ウィルソンが優先課題とした公共部門の大幅削減は，閣僚の中ではごく些細な認識（a minority taste）でしかなく，政権誕生後すぐにニールセン特別委員会を立ち上げた割には，経済政策は思ったような成果を出せずに終わる[12]。

岩崎（1999）は，「保守党政権下の財政赤字の悪化は，歳出が膨張したためでなく，税制に起因する歳入確保能力の減退に，その原因を求めることができる[13]。」と述べている。さらに，高金利の下で公債費の増大についても言及し

9） Hale（2002), p. 196.

10） 改革後，課税最低限については，Department of Finance Canada（1987), p. 42；大川（1997)，122頁参照。

11） 広瀬（2009)，20頁。

12） *Ibid.*

13） 岩崎（1999)，348頁。

ている[14] が，マルルーニ政権下では，高齢化に伴う老齢保障給付の増大，景気悪化に伴う雇用保険給付の膨張，子育て世代に対する家族手当／児童保険給付の拡大，医療費および CAP も増大したことから，とりわけ連邦政府の歳出は増大しており，これが財政悪化の原因と考える筆者とは見解が異なる。しかも後に述べるように，マルルーニ政権では個人所得税の課税ベースを侵食する各種の租税特別措置の縮減および廃止を大幅に行い，同時に利子・配当所得控除等の所得税に関する物価スライド制の一部廃止を行うことで課税ベースは拡大され，税収増を目指し[15]，一部では歳入確保を念頭に置いており，減退した訳ではない。マルルーニ政権は所得税重視でなく，むしろ法人所得税や売上税に財源を求めている。所得税に関して述べると，垂直的公平性の観点からは低所得者に負担の軽減を求め，高所得者には負担増を考えており，全体では減税を見込んだものの，この間個人所得税に関して決して歳入確保能力を放置したのではない。

1987 年税制改革では，所得税減税が行われており，所得税収は減収すると予想される。まず，税収面から検討しよう。図 6-1 をみると，所得税収は増大しており，これは課税ベースの拡大による収入増である。法人税収は，どのように変化したのであろうか。法人税収は，むしろ減少しており，しかも法人税改革では法人所得税の増税を見込んでいたため，増収とはならなかった。Goods and Services Tax（GST）においても同様である。1991 年には，MST から GST となり，サービス課税が開始されたにもかかわらず，GST の税収増に結びついたといえない。

次に，財政収支の観点からマルルーニ政権の財政政策を検討する。上で述べたように，マルルーニ政権では，1987 年改革の個人所得税，法人所得税，売上税の三位一体改革により歳入の確保は図られていることが分かる。しかし，

14）同上。

15）Bird によると，マルルーニ期の所得税に関する物価スライド制の一部廃止は，最も重要であると位置づけ，これは新たな所得税収の伸びに繋がった，と指摘している。Bird（1995），p. 1043.

1990年代初頭の不況は，財政収支改善の弊害となり，政権末期には過去最悪の財政状況に陥ることになる。つまり，マルルーニの財政政策は，歳入面では1987年税制改革により税収確保に寄与するものの，一方の歳出面での削減課題は徹底されず，不況も相俟って財政収支の改善には至らなかった。

マルルーニ政権では，歳入中立とはいえ税制改革を行い，EU諸国のように付加価値税に社会保障の財源を明確に求めている。カナダの福祉国家財政は，経済の低成長および高齢化の中で社会保障の財源確保を課題としており，そのような観点からすると，マルルーニの1987年税制改革は，EUの福祉国家財政を追随したといえる。

2-2　1990年代のマーティンの税制改革から2000年税制改革まで

まず，ここではクレティエン政権下での税財政改革（マーティンの税制改革）および2000年税制改革について述べよう。

財政再建，行政改革，雇用創出，GSTの廃止の4大目標を選挙公約として掲げ，国民の圧倒的な支持を受けて政権に返り咲いた自由党は，クレティエン首相およびマーティン財務相の下で公約実現に向けて大胆な政策を断行することになる。マーティンは，財務相歴任後，2003年に首相に就任することから，2000年税制改革にも関与しているが，ここでは財政再建に大きく寄与した前者のことをマーティンの税財政改革と呼ぶことにしよう。

以下では，マーティン税財政改革の具体的な政策を述べる。財政再建に取り組んだ政策は，第1に，連邦歳出の大幅削減である。連邦歳出の中で常に大きな割合を占める個人向け移転支出，とりわけ失業給付に対する支出削減が行われた。具体的には失業者に対する給付額および給付期間の縮減，再度失業給付を申し出た申請者に対しては，給付の減額措置を行った。また年金制度改革により支出の削減を行っている。

カナダの年金制度は，老齢所得保障（Old Age Security：OAS）および補足所得保障（Guaranteed Income Supplement：GIS）の公費負担による1層部分，カナダ年金制度（Canada Pension Plan：CPP）およびケベック年金制度（Quebec Pension Plan：

QPP）の社会保険料負担による 2 層部分，登録年金制度（Registered Pension Plans：RPP）および登録退職貯蓄制度（Registered Retirement Savings Plan：RRSP）の社会保険料負担による 3 層部分から成る 3 層構造である。OAS，GIS の財源は一般財源をもとに構成されおり，CPP/QPP のそれは各政府の移転支出からでなく勤労者の保険税によって調達している。ここで 1 層部分の公費負担について述べると，カナダではこれまで個人単位で OAS を支給し，所得を審査した上でその上乗せ部分として世帯単位で所得を勘案し，GIS を支給してきた。2001 年には双方を一元化し，高所得者には給付を削減し，低取得者には増額し，差し引き支出減を狙ったが，双方の統合は見送られた。

第 2 に，財政移転に含まれる補助金の削減である。刀禰（2004）によれば，1995〜1997 年度の 3 年間で 1994 年度比 61％減となる，総額で産業補助金 14 億ドル減（37 億ドル→ 23 億ドル）の大幅な削減を実施した[16]。

この間，具体的な制度変更が行われている。カナダ医療社会移転制度（Canada Health and Social Transfer：CHST）の新設は，医療，CAP，教育支援とそれぞれ個別に存在していたブロック補助金を一括りにすることであるが，連邦政府の真の目的は補助金削減のためである。実際，「連邦政府は州政府に対する予算を 70 億ドル削減することに成功した[17]。」のである。

第 3 に，連邦政府公営企業（crown corporations, federal government enterprises）の省庁再編である。これまで連邦の公営企業は，省，庁，専売局の 3 部門に分かれていたが，省庁再編による民営化および統廃合が進められた。連邦のそれはカナダ VIA 鉄道やカナダ文明博物館等が含まれる庁とカナダ港湾公社やカナダ郵政公社等が含まれる専売局の 2 部門に合理化された。

連邦の公営企業数は，1989 年度から 1993 年度にかけて 53 から 48 に減少し，1994 年度以降はさらに 41 まで減らされることになった。民営化された公営企業の中には，小規模な運輸・通信部門だけでなく第 1 次オイルショック後に設立されたカナダ石油公社（ペトロ・カナダ），カナダ航空公社（エア・カナダ），

16）　刀禰（2004），48 頁。
17）　根本（1999），195 頁。

北部カナダ電力公社等々，規模の大きな企業が含まれていた[18)]。

第4に，防衛費の削減である。1994年防衛白書では，向こう4年間で防衛費を削減することを明記し，具体的には初年度で前年度比14%削減し，残りの3年間で5億3,200万ドルを減らす[19)]。

第5に，連邦公務員の削減である。1994～1995年度だけでも削減数は，4万5千人を予定しており，早期退職者には10億ドルの退職金を充てる[20)]。

またクレティエン政権では，年金に関する重要な改革が行われた。以下で述べるCPP/QPPの財源は，OASと異なる。改革の内容を述べる前に，カナダの政府部門について確認しよう。*The National Finance*（1994）によると，カナダの政府部門は連邦・州・地方（地方自治体），病院，CPP/QPPの5つに分けられる。但し病院の自己収入は，1993年度の病院総収入のわずか6.14%にすぎず，収入の多くは州政府からの補助金で賄っている。そのため，一般政府（各政府）の総税収は，連邦税（個人所得税，法人所得税，その他の税），州税（個人所得税，法人所得税，その他の税），地方（市町村）税，CPP/QPPの4つに分類される。またOASは，一般財源を下に運営される基礎年金であるが，CPP/QPPの財源は，各政府からの移転支出でなく勤労者の保険税によって調達する報酬に比例した年金である。ここで，CPP/QPPの制度および財源について確認しよう。CPPは，ケベック州を除くカナダ全土の一定額を超えるパート労働者を含み，18歳から70歳までの給与所得者および自営業者に適用される。保険税率は，7.0%（1999年現在）であり，給与所得者は労使折半し，自営業者は全額の負担を要する。

1970年度から2007年度にかけてのCPP/QPPの積立金保有残高の動向や2008年度をみると，収入源のほぼ9割はCPP/QPPの年金保険税に依存しており，残りを投資による運用益で賄っている。他方，支出は個人に対する給付でほぼ大半を占める。その他財・サービスに対する支出や非居住者への給付は，全体

18）Canadian Tax Foundation（1991）, Chapter 18;（1994）, Chapter 18;（1995）, Chapter 19参照。

19）Canadian Tax Foundation（1995）, Chapter 2, p. 4.

20）*Ibid.*

の2.53%にすぎない[21]。

1980年代前半を境にCPP財政は急速に悪化しており，丸山（1999）はその要因として（1）人口（2）経済（3）給付水準の上昇（4）障害者年金給付の上昇，の4点を挙げる[22]。そのため，CPPは，賦課方式から完全積立方式への移行や2003年まで保険料率を9.9%に引上げを含んだ改正を行い，CPPの新制度は1998年1月1日に開始された。

次に，2000年税制改革について簡潔に述べる。1997年の財政再建後の景気拡大を受けて，国民は様々な恩恵を受ける。2000年税制改革の主要な点は，第1に向こう5年間で約580億ドルの所得税の減税を行うことである。とりわけ個人所得税の減税が行われる。具体的には，ブラケットおよび基礎控除に対する完全物価スライド制の復活である。これは，CTBや還付付きGST税額控除にまで適用されるのである。中間所得層に対する所得税率は，26%から24%へ引き下げられる。

第2に，法人所得税の減税である。2001年1月1日から段階的に1%ずつ，最終的には27%から21%にまで引き下げられる。

第3に，キャピタル・ゲインの課税割合を75%（4分の3）から66%（3分の2）にまで引き下げられ，2000年2月27日以降のみなし実現による譲渡所得から適用されることになった。

2-3　我が国の主要な税制改革

戦後我が国の主要な税制といえば，シャウプ勧告が挙げられよう。シャウプ勧告は，1949年（昭和24年）第3次吉田茂政権時に公表された。シャウプ勧告は，包括的所得税理論の実践，富裕税の創設，直接税を中心とする租税体系の構築，地方財政では地方財源の強化や財政調整制度の配布税の廃止に伴う平衡交付金への転換等であり，戦後我が国の租税体系を構築するものであった。

次に，1987年（昭和62年）および1988年（昭和63年）の税制改革が挙げら

21）　数値は，Department of Finance Canada (2002), p. 49より算出した。

22）　丸山（1999），117–122頁。

れる。これらは，シャウプ勧告以来の抜本的な税制改革と位置づけられる。まず直接税の個人所得税の累進性が見直され，最高限界税率の引下げ（70→50%）やブラケットの削減（15→5段階）が行われた。その他，配偶者特別控除の創設や基礎控除，扶養控除等の人的控除の引上げ等々があり，大規模な所得税および住民税の減税が行われたのである。さらに資産性所得に対して課税が強化される時期でもある。例えば，マル優制度等の原則廃止や利子所得の源泉分離課税の強化，実現したキャピタル・ゲインの原則課税化等々である。

法人所得税に対していうと，基本税率の段階的引下げ（42→37.5%）が実行されることになる。さらに相続税について，最高限界税率の引下げ（75→70%）や課税最低限の引上げ等が行われた。

間接税については，個別消費税の廃止に伴い消費税が創設されることになる。その他酒税やたばこ税の課税ベースを従量税として統一し，税率は引き下げられた。

次に，1994年（平成6年）の税制改革を取り上げる。我が国では高齢化が急速に進展していることから，消費税標準税率の引上げ（3→5%，うち1%は地方消費税）が行われた。同時に消費譲与税に代わる地方消費税が創設された。消費税の事業者免税点制度の見直し（3,000→1,000万円）や限界控除制度の廃止等が盛り込まれた。

中間所得層の負担軽減を緩和するため，所得税・個人住民税の税率構造の累進緩和等で3.5兆円が減税されることになる。

1999年度（平成11年度）の税制改正では，個人所得課税の最高限界税率の見直し（所得税50→37%，個人住民税15→13%，国税・地方税合わせて65→50%），扶養控除額の加算，定率減税が実施されることになる。法人課税については，1998年度（平成10年度）税制改正に引き続き，基本税率の引下げが行われた。

個人所得課税および法人課税の減税が行われ，国税・地方税合わせて6兆円を超える大型減税が行われた。一方で，先の1987年（昭和62年）および1988年（昭和63年）の税制改革，1994年（平成6年）の税制改革と異なり増税措置を行わない改正となった。

2-4　カナダおよび我が国の租税体系および税制改革の共通性と相違性

ここではまず，戦後双方の国の税制改革の共通性について述べる。カナダはかつてイギリスの植民地であり1867年の建国後はイギリスの租税体系をモデルとしており，かつ隣国アメリカの税制改革の影響を多分に受けている。また我が国は戦後，GHQの占領下にありアメリカとの税制上の共通点を見い出せるかも知れない。

カナダおよび我が国の税制に関する共通点として挙げられるのは，第1に前者はカーター委員会報告であり，後者はシャウプ勧告であるように両国は学術的に高く評価された勧告を受けた点である。

第2に，双方の国とも直接税を基幹税とする租税体系をもった国である。但し2度のオイルショック後の1970年代末から1980年代にかけてサッチャリズム，レーガノミクスの税制改革の影響を受けて所得税最高限界税率の引下げや累進性の緩和，フラット化に伴う課税ベース拡大の傾向がみられる。所得税に関していえば，租税負担感の軽減や景気の回復動向を踏まえて増税よりも減税措置が優先された。

第3に，個人所得税と同様に法人所得税率の引下げが行われた点である。1980年代や1990年代以降にはグローバル化が進み，法人税率の引下げで一部景気浮揚策の意味合いがあったかも知れないが，どちらかといえばグローバル化の影響で基本税率の引下げが各国で競って行われた。税率の引下げに伴う課税ベースの拡大も，同時に行われた。カナダの1987年ウィルソンの税制改革では法人所得税増税，我が国の1999年度（平成11年度）の税制改正では減税優先であり，課税ベースの拡大はみられなかった。

第4に，双方の国において国税間接税の導入時期が非常に近かった。カナダでは，1991年に前身のMSTから財だけでなくサービスにも課税標準を広げた，税率7%のGSTが導入された。我が国では，1989年に物品税の廃止に伴い消費税が3%の税率で導入された。欧州では消費型付加価値税が既に普及しており，サービス課税や仕向け地原則等，税制のグローバル化の影響ともいえる。

第5に，税制改正とりわけ増税を伴う税制改革を実行した内閣は，短命に終わるという点である。国税大型間接税を導入したカナダのマルルーニ政権と我が国の竹下政権，消費税率を3%から5%にまで引き上げた橋本政権は，十分に国民の理解や支持を得られなかったのである。

次に，両国の相違性を検討すると，第1にカナダは不況期にGSTを導入したのに対して，我が国は好況期に消費税を導入した点である。一般に好況時に増税，不況期に減税を行うのがフィスカル・ポリシーの大原則であるが，カナダにおいて不況期に増税を行った点は非常に興味深い。また我が国消費税の導入は税収中立でなく，所得税減税を行っていることから差し引き2.6兆円の減税，要するに結果として増税でなく減税となった点を指摘しておかなければならない。カナダのGST導入については，グローバル経済の下で時代に合わないMSTに対する批判からであり，一方我が国の消費税導入の根拠は直間比率の見直しや高齢化社会に対応するための財源調達と考えられる。

第2に，カナダの租税構造の中で個人所得税は最大のシェアを占めているのに対して，我が国のそれは個人所得税でなく消費税である点である。

3. 財政の持続可能性

3-1 税収とGDP成長率，国債残高の相関関係

カナダおよび我が国はG7の一員であり，世界経済を一部牽引する先進国である。図6-1および図6-2でみたように，双方の国とも1970年代には10%前後の高い経済成長率を達成したが，2度のオイルショックは，その後両国の経済成長の足かせになる。但しカナダは，広大な面積をもつだけでなく天然資源に恵まれており，資源大国の優位性からオイルショック後1980年代のエネルギー供給は他国に依存せずにある程度確保できており，1970年代ほどではないにせよ経済成長は比較的順調に達成している。それに対して，我が国のように他国に依存せざるを得ない資源小国の場合は，実質経済成長率でマイナス成長に陥ったものの，省エネルギー政策で乗り切った。我が国は，カナダには劣るものの実質5%前後の経済成長を何とか維持できたのである。

但し1980年代には，双方の国とも社会の成熟化が進み，歳入よりも歳出は

より拡大する傾向にある。歳出増の理由としては，少子化や高齢化が徐々に進行していくからである。カナダの場合には，移民政策を行うことで我が国のように深刻な少子化は顕在化していないものの，高齢化については緩やかに進展しており，双方の国とも社会的課題として福祉関連費用の拡大や抑制等々が議論の的として表面化した時期でもある。

さて，ここ 3–1 では人口増加率，GDP 成長率と税収の推移との相関関係について考察する。カナダの人口は，2018 年時点で 3,732 万人おり，例えば 1979 年では 2,420 万人，1989 年には 2,728 万人であり，約 40 年間で 1,312 万人の増加，人口増加率 1.50 倍ということになる。先進諸国の中では，比較的高い人口増加率である。他方，我が国の人口は 2018 年で 1 億 2,693 万人であり，1970 年では 1 億 1,046 万人，1980 年では 1 億 1,706 万人，1990 年の人口は 1 億 2,361 万人であった。我が国の人口は約 50 年間で 1,647 万人の増加，人口増加率 1.15 倍であった。他の先進諸国と同様に，我が国は成熟社会に入り決して高くない人口増加率であったといえよう。

次に，GDP 成長率と税収の相関関係について考察する（図 6–1，図 6–2）。カナダと我が国において，1970 年度から 2018 年度にかけて名目 GDP と一般税収対前年度比の推移を比較検討したところ，我が国よりもカナダにおいて前者が成長したからといって後者の増加率が高まったとはいい難い結果となってしまった。そこでここ 3–1 では，税収弾性値に着目する。税収弾性値とは，税収の増加率を名目 GDP の伸び率で除した数値のことである。税収弾性値の推計ができれば，名目 GDP と税収等との関連性を考察し，今後は財政の持続可能性についてある程度予測できる。本節では，まず同期間に GDP 成長率と税収の増加率について単回帰分析を行い，税収弾性値を推計した。その結果，推定された回帰式を得た。その回帰式から，カナダの税収弾性値は 1.19，我が国のそれは 1.29 であった。現時点では，カナダ財政の先行研究において税収弾性値をみつけることはできなかったが，我が国の場合には既に先行研究で税収弾性値が示されており，また橋本・呉（2008）では租税関数を推計しながら求めた税収弾性値は 1.07 であった。本節では，先行研究よりもさらに 10 年前の

1970年度にまで遡り，約50年間で単回帰分析を行った。先述のように，1970年代にはオイルショックが2度起こったものの，高度経済成長期を一時期含むことから経済成長率は高く，税収弾性値も同様に先行研究よりも高い数値が得られたと考えられる。

但し先行研究によれば，税収増加率名目経済成長率の単回帰分析では，他に影響を与える変数を考慮しておらず，不十分であるとの指摘がある。したがって本節では，GDP成長率と税収増加率の重回帰分析を行うことにした。重回帰分析，税収の増加率の推計を行う上で問題となるのは，どのような変数を加えるのかどうかである。本節では，説明変数に名目GDP成長率（X）と政府債務残高の増加率（Z）を加え，被説明変数を税収とし，税収増加率（Y）の推定を行った。推定式（1）は，以下のとおりである。

$$Y = -0.7690 + 1.2458X - 0.1211Z,\ R2 = 0.5805 \qquad (1)$$

（−0.5297）（7.6607）（−1.3661），カッコ内の数値はt値を表す。

まず，カナダの税収弾性値は1.25となり，単回帰分析よりやや大きくなった。また，1970年度から2018年度にかけてのGDP成長率を計算すると，GDP成長率は単純平均で年6.9%であり，一方の政府債務残高のそれは8.0%であった。先進国の中で，カナダは比較的高いGDP成長率に加え政府債務の増加を抑えながら税収増加率を高めたのではないかと考えられる。名目GDP成長率のp値は0.0000と得られており，0.0000＜0.05より有意水準5%で名目GDP成長率の係数は0であるという帰無仮説は棄却され，名目GDP成長率は有意な説明変数といえる。また政府債務残高のp値は0.1786であり，上と同様に帰無仮説は棄却され，政府債務残高も有意な説明変数といえる。

またカナダは直接税主体の租税構造をもつことから，景気拡大とともに税収増となるはずであるが，図6-1をみる限り1970年代までは，GDP成長率と税収の動きは必ずしも一致していない。しかし，1980年代後半以降には，前者と後者の動きが多少なりとも連動しているともいえる。1980年代の税制改革によって所得税の課税ベースの拡大等々が税収増に寄与したのではないか。

次に，我が国のGDP成長率と税収増加率の重回帰分析を行う。分析期間はカナダと同様にし，税収増加率の推定を行った。推定式（2）は，以下のとおりである。

$$Y = -0.4369 + 1.1933X + 0.0576Z, \quad R2 = 0.3454 \qquad (2)$$

（－0.2781）（3.1358）（0.4208），カッコ内の数値はt値を表す。

我が国の税収弾性値は1.19となり，先に行った単回帰分析の税収弾性値1.29よりやや小さくなった。但し，土居（2012）の1.1と近い数値をとっており，本研究では分析期間を約50年に延長したとしても先行研究との差異はそれほど生じなかった。また，カナダと同様に1970年度から2018年度にかけてのGDP成長率を計算すると，GDP成長率は単純平均で年4.6％であり，一方の政府債務残高のそれは13.8％であった。我が国は，カナダと比べGDP成長率で下回り（日4.6％，加6.9％），政府債務残高の増加率は1.71倍（日13.8％，加8.0％）であった。カナダと比べると，我が国は低いGDP成長率であり，かつ政府債務残高を増やしながら税収を確保したのではないかと推測される。

我が国の名目GDP成長率のp値は0.0033であり，0.0033＜0.05より有意水準5％で政府債務残高の係数は0であるという帰無仮説は棄却され，名目GDP成長率は有意な説明変数といえる。また，政府債務残高のp値は0.6762であり，上と同様に帰無仮説は棄却され，政府債務残高は統計的に有意な説明変数といえる。

ちなみに，本節では1970年度から2018年度にかけて上で用いたカナダの年単純平均GDP成長率6.9％および政府債務残高8.0％を（1）式に代入したところ，税収増加率（Y）は6.85822％であった。同様に，1970年度から2018年度にかけて我が国のGDP成長率，単純平均4.6％および政府債務残高13.8％を（2）式に代入すると，税収増加率（Y）は5.84716％であった。

したがって，カナダは財政を再建し，その果実として1970年度から2018年度にかけて我が国よりも高い経済成長率を達成した。カナダはそれに加え政府債務残高を削減することで，我が国よりも税収増加率を高めることができたのである。今後の成熟した社会において，我が国は政府債務残高を削減しつつ低成長期にどのようにして公共サービス維持のための費用を税収として確保できるかが問われているのである。

3-2　GDP 成長率と税収，国債残高の相関関係

3-1 では，カナダおよび我が国の税収と GDP 成長率の相関について論じた。ここ 3-2 では，我が国よりも高い経済成長率を記録したカナダの税財政を参考にしつつ，GDP 成長率と税収，国債の相関関係について検討する。

まず，3-1 で明らかとなったのは，カナダは政府債務を減少させることによって高い経済成長率を達成したことである。そのように考えると，我が国において経済成長を達成するためには，まず政府債務残高を長期間抱えずに削減に着手しなければならない。その上で財政の持続可能性を高めるためには，公共サービスの提供を行いつつ税収を確保しなければならない。

ここ 3-2 では，1970 年度から 2018 年度にかけて説明変数と被説明変数を入れ替えて GDP 成長率と税収増加率の重回帰分析を行う。説明変数に税収の増加率（X），政府債務残高（Z）とし，被説明変数には GDP とし，GDP 成長率（Y）の推定を行った。推定式（3）は，以下のとおりである。

$$\text{GDP 成長率 } Y = 2.7844 + 0.4401X + 0.1511Z,\ \ R2 = 0.6414 \qquad (3)$$
$$(4.5498)\ \ (7.6506)\ \ (3.0659),$$

カッコ内の数値は t 値を表す。

税収増加率の p 値は 0.0000 と得られており，$0.0000 < 0.05$ より有意水準 5% で税収増加率の係数は 0 であるという帰無仮説は棄却され，税収増加率は有意な説明変数といえる。また政府債務残高の p 値は 0.0036 であり，上と同様に帰無仮説は棄却され，政府債務残高も有意な説明変数といえる。

経済規模を拡大するためには，民間の設備投資や政府の公共授業等々の需要喚起を必要とする。経済の好循環を生むには，不況の場合には政府債務を拡大して有効需要を拡大することもあろう。

次に，我が国の GDP 成長率と税収増加率の重回帰分析を行う。カナダの分析と同様に，説明変数に税収の増加率（X），政府債務残高（Z）とし，被説明変数には GDP とし，GDP 成長率（Y）の推定を行った。分析期間はカナダと同様にし，GDP 成長率の推定を行った。推定式は (4) は，以下のとおりである。

$$\text{GDP 成長率 } Y = 0.4704 + 0.1685X + 0.2591Z,\ R2 = 0.5250 \quad (4)$$
$$(4.442) \quad (3.018) \quad (7.520),$$

カッコ内の数値は t 値を表す。

税収増加率の p 値は 0.0374 と得られており，0.0000 < 0.05 より有意水準 5% で税収増加率の係数は 0 であるという帰無仮説は棄却され，税収増加率は有意な説明変数といえる。また政府債務残高の p 値は 0.0000 であり，上と同様に帰無仮説は棄却され，政府債務残高も有意な説明変数といえる。

税収が増加するということは，景気は拡大基調にあり，GDP の成長率も同時に高まると考えられる。景気が好循環することで，政府債務は減少する傾向にある。しかし，不況期には政府債務を拡大し，経済を活性化させることで GDP の成長率を促すこともある。シナリオ通りにいけば，税収は増加するであろうから，政府債務を拡大してでも GDP の成長を重視する必要もあろう。

図 6–4 は，1970 年度から 2018 年度にかけてカナダおよび我が国の中央政府債務残高の推移を表している。この図から，カナダの債務残高は 1990 年代半ばまで拡大の一途をたどっている。この間の債務の増加率を確認すると，それは税収の増加率を上回り，カナダは債務を増やしながらも景気を下支えしつつ経済成長を重視したと考えられる。その後，1993 年の総選挙で勝利し政権を担当したクレティエン首相は，マーティン財務相の下で徹底した無駄削減と歳出削減を断行し，債務を削減し経済成長に繋げたことは先に述べたとおりである。

他方，我が国の債務残高は 1990 年代初頭以降，緩やかに増大した。この理由として考えられるのは，バブル経済崩壊後に歳出を拡大した点である。とりわけ 1998 年に誕生した小渕政権下での歳出拡大政策は，景気浮揚を目途とし

図 6-4　カナダおよび日本の中央政府債務残高（対 GDP 比）の推移，1970−2018 年度

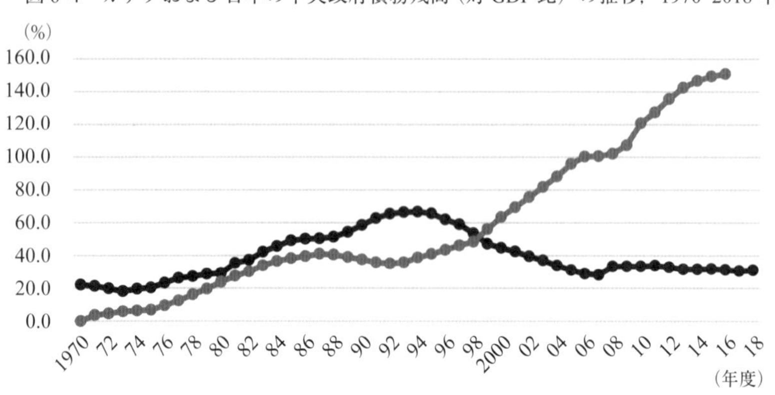

（出所）http://stats.oecd.org/Index.aspx?DatasetCode=SNA_TABLE1 より作成。

た政策であったが，歳出を増大したとしても GDP の成長率や税収の増加率を確認する限り，高成長や税収増には繋がらなかったのである。2000 年代以降，小泉政権下で歳出削減政策が行われたが，この間の債務残高は大きく減少していない。その後，税収不足や予算の拡大，度重なる経済対策，補正予算等々の理由から我が国の中央政府債務残高は，拡大の一途をたどったままである。カナダの先例に倣えば，カナダは歳出削減や債務の削減を実行し，政府の財政規模をある程度縮小した上で高成長に繋げたのである。

3−3　フランスに進出した日系企業の租税・社会保障負担およびフランスの子育て支援

財政の持続可能性を高める上で必要不可欠となるのは，財源の確保であり，個人や企業の納める租税や社会保険料がその財源問題に帰着する。そこで本節では，国民負担率の最も高い国の 1 つであるフランスに着目した。ここ 3−3 では，とりわけ個人でなく企業の負担に焦点を定め，フランス・パリでの日系企業のヒヤリング調査について考察する。筆者は，フランス・パリに進出した日系企業に訪問しヒヤリング調査を行い，その上で 10 数社から回答を得た。

ヒヤリング調査にはいくつか項目があるが，その中で筆者は最も関心のある企業の国民負担率について質問した。「なぜ国民負担率の高いフランスに進出したのか」と質問したところ，ある日系企業の方は「ヨーロッパ全体を弊社の活動範囲とするためフランスを拠点としており，租税負担や社会保障負担のことはあまり考慮していない」と回答した。一般的に我が国では，例えば法人税の負担が大きいと海外企業の国内進出を阻害するという意見がある。そのため，法人税率を引き下げよ，と企業の租税優遇措置に対する主張は未だに根強い。

しかし，別の日系企業においても同じ質問をしたところ，租税負担や社会保障負担というよりも市場の開拓および拡大を狙ってフランスに進出するのであって，先の主張は当てはまらないことが複数のヒヤリング調査を通じて確認できたのである。さらに例えば，A 社では社会保障の負担増から企業の都合で従業員を解雇したとしよう。従業員が訴訟を起こした場合，まず裁判で企業側の勝訴はないとのことであった。フランスは，人権等々において企業よりも労働者に重きを置く傾向にある。社会保険料の負担においてもそれがみられ，労働者と雇主の保険料負担は労使折半でなく企業側に多くを求める。スウェーデンも同様である。企業が労働者よりも社会保険料を多く負担することで，フランスはその財源を基にして子育て支援を実行しているのではないか。

ヒヤリング調査をして判明したことであるが，フランスに進出する日系企業は多かれ少なかれ租税負担や社会保障負担をしなければならない。しかし予想に反して，負担の有無よりも市場の開拓が最優先だったのである。

また「個人および企業の負担，育児，合計特殊出生率との関連についてどのようにお考えか」と尋ねたところ，日系企業の回答者は「移民の増加と移民の所得の増加で子どもを持つ家庭が増えており，合計特殊出生率の数値回復に貢献したのではないか」と述べた。我が国との比較において，フランスでは休暇を取りやすい環境にあり，子どもを育てる際にも休暇があるという。子育ては，企業理念にも広く浸透しており，地方に生活基盤のある従業員には転勤に対して拒否できると日系企業訪問先の回答者は述べた。共働きの比率は 9 割以上と高く，祖父母が子育てや子どもの面倒をみるということである。

フランス政府の子育て支援を述べると，年金の支給開始年齢は通常65歳であるが，例えば子どもが3人いるとするならば，1人につき支給開始年齢が前倒しされ，62歳から年金を受け取れる仕組みがあり，医療も無料で受けられるそうである。出産後の仕事復帰はしやすく，託児所も整備されており，子どもが多いと家族手当（allocation familiale）は加算される仕組みである。子どもが病気の場合には，1年のうち3日間有給休暇が利用でき，1歳以下の乳児に関して述べると5日間の有給休暇制度が適用される。低所得で16歳以下の3人の子持ち世帯に対して，5日間の有給休暇制度が適用される（16歳以下の子どもが病気または事故の際，勤続年数不問の有給休暇制度，conge pour enfant malade）。

3–4　カナダおよび我が国のGDP成長率および税収の比較を通じて

カナダは，抜本的な税制改革によって税収増に結びついた。他方で，我が国は景気回復を優先するあまり税収増となる十分な税制改革を行わなかった。そのため，租税の財源調達機能は作用せず，我が国は税収増に結びつかなかったのである。そうであるとすれば，租税の財源調達機能を回復するべく，基幹税たる所得税の増税とりわけ資本所得に対する課税の強化が必要ではないか。

消費税に関していえば，財政の持続可能性を高めるためにはEU諸国のように標準税率を20％程度まで引き上げ，財源を賄うことも考えられる。しかし，消費税には逆進性という欠点があり，現在の緩和策である軽減税率では逆進性の緩和は難しい。カナダのように逆進性対策として，所得税制を通じた還付付きGST税額控除は効果的である。現存の軽減税率を廃止し，還付付きGST税額控除の導入は政治的に困難というのであれば，消費税の税率を緩やかに高めつつも，消費税より個人所得税や法人所得税，相続税等の直接税に対して課税を行うことが，財政の持続可能性を高める近道であるといえよう。

またフランスでのわずかなヒヤリング調査であったが，人口を維持するための施策は政府だけでなく企業も参加しており，我が国では30数年間少子化が進行しており，少子化に歯止めがかかっていない。我が国は，合計特殊出生率2以上に回復したフランスの子育て支援策から一部を学ぶこともあろう。

おわりに

本章の目的は，カナダの財政再建の事例を通じて我が国財政の持続可能性について論じることであった。本章では第 1 に，カナダおよび我が国の税収比較を通じてカーター委員会報告やシャウプ勧告という優れた報告書によって所得税中心の租税体系が形成されたことを明らかにした。

次に，双方の国の税財政改革を通じて歳入の確保や歳出抑制のプロセスを論じた。さらには GDP 成長率と税収との関連において，我が国よりもカナダの方により強い相関関係があり，本章では税制改革が高い経済成長率の達成と税収確保に寄与したのではないかと推察される結果となった。最後に，カナダのように政府債務残高を削減することで高い経済成長が達成されると同時に，租税優遇措置の縮小・廃止，課税ベース拡大等の税財政改革により税収が確保され，我が国財政の持続可能性は高まることを明らかにした。

付記　本章を執筆するにあたり，2016 年度に旭硝子財団から助成金を受けた。

参考文献

岩崎美紀子（1999）「政治と現代福祉国家」城戸・塩野谷編『先進諸国の社会保障 3 カナダ』東京大学出版会，75-92 頁。

岩崎美紀子（2002）『行政改革と財政再建―カナダはなぜ改革に成功したのか』御茶の水書房。

宇波弘貴（2013）『図説　日本の税制（平成 25 年度版）』財経詳報社。

G. エスピン＝アンデルセン（2001）『福祉資本主義の三つの世界―比較福祉国家の理論と動態』ミネルヴァ書房。

大川政三（1997）「1987 年カナダの所得税改革―租税の本質的財源調達機能への回帰―」『東京国際大学論叢　経済学部編』第 17 号，107-122 頁。

川田剛（1985）「カナダの税制の現状と今後の方向」『租税研究』第 433 号，日本租税研究協会，7-19 頁。

神野直彦・金子勝（2000）『財政崩壊を食い止める―債務管理型国家の構想―』岩波書店。

都村敦子（1999）「児童給付」城戸・塩野谷編『先進諸国の社会保障 3 カナダ』東京大学出版会，165-191 頁。

刀禰俊哉（2004）「カナダの財政再建について」『ファイナンス』通巻 462 号，45-

51 頁。

土居丈朗（2012）『日本の財政をどう立て直すか』日本経済新聞社出版社。

日本租税研究協会（1982）「海外税制情報—カナダ・イタリア・イギリス等」『租税研究』第 395 号，71-72 頁。

根本嘉昭（1999）「社会扶助」城戸・塩野谷編『先進諸国の社会保障 3 カナダ』東京大学出版会，193-208 頁。

橋本恭之・呉善充（2008）「税収の将来推計」*RIETI Discussion Paper Series* 08-J-033。

広瀬義朗（2009）「カナダの所得税改革—1980 年代の改革後の租税負担構造の変化—」『カナダ研究年報』第 29 号，17-32 頁。

広瀬義朗（2016）「カナダの普遍主義とアメリカの選別主義—所得税・社会保障負担構造および福祉国家財政の比較—」片桐正俊・御船洋・横山彰編『経済成長と財政再建』中央大学出版部。

広瀬義朗（2018）「カナダの租税政策と税制改革—カーター委員会報告から 2000 年税制改革まで—」篠原正博編『経済成長と財政再建』中央大学出版部，133-146 頁。

広瀬義朗（2021）「カナダの租税および社会保障の負担構造—マルルーニおよびクレティエン政権下での所得再分配構造の検討」『国際公共経済研究』第 32 号，55-65 頁。

丸山桂（1999）「年金制度」城戸・塩野谷編『先進諸国の社会保障 3 カナダ』東京大学出版会，113-130 頁。

Bird, Richard M.（1995）, “Tax Policy: Past, Present, and Future”, *Canadian Tax Journal*, Vol. 43, No. 5, pp. 1039-1054.

Canadian Tax Foundation（1991）, *The National Finances 1990.*

Canadian Tax Foundation（1994）, *The National Finances 1994.*

Canadian Tax Foundation（1995）, *Finances of the Nation 1995.*

Department of Finance Canada（1987）, *The White Paper Tax Reform 1987.*

Department of Finance Canada（2002）, *Fiscal Reference Tables.*

Department of Finance Canada（2008）, *Fiscal Reference Tables.*

Department of Finance Canada（2017）, *Fiscal Reference Tables.*

Department of Finance Canada（2023）, *Fiscal Reference Tables.*

Government of Canada（2000）, Fiscal Revenue: Changing Trends and the Quest for Tax Reform, pp. 20-21.

Hale, Geoffrey（2002）, *The Politics of Taxation in Canada*, Broadview Press.

Perry, J. Harvey（1989）, *A Fiscal History of Canada: The Postwar Years*, Canadian Tax Paper No. 85, Canadian Tax Foundation.

Whalley, John and Deborah Fretz（1990）, *The Economics of the Goods and Services Tax,* Canadian Tax Paper No. 88, Canadian Tax Foundation.

第 7 章

英国NHSの医療施設問題と NHSプロパティサービスの取り組み

柏木 恵

はじめに

日本では，公共インフラの老朽化や行政サービスのデジタル化の遅れなど，制度疲労が指摘されている。導入当初は最先端の制度が，長年利用する上で古くなり，時代遅れになっているケースや，制度を設計し実施する上で，問題を抱えながら持続してきたケースなど，さまざまなケースが考えられる。先進諸外国でも，さまざまな形での制度疲労が散見され，改革や改善のための取り組みが行われており，日本にとってその取り組みを考察することは重要である。

本章では，英国[1]で1948年に開始された国民保健サービス（National Health Service，以下，NHSと略す）に焦点をあて，2012年法（Health and Social care Act 2012）による組織再編によって急ごしらえで設立されたNHSプロパティサービス（NHS Property Services Limited，以下，NHSPSと略す）について検討する[2]。

1） 本章では，Englandを対象とし，英国と呼ぶ。

2） 日本における似た事例としては，過去からの課題を改善し，近代化しようとしているデジタル庁の発足が挙げられる。デジタル庁も，急ごしらえで創設された組織で，デジタル庁採用者もいるが，各省庁からの国家公務員の異動だけでなく，民間企業からの派遣で構成された寄り合い所帯であるため，設立当初から尽力しつつも困難な状況も見受けられている。

NHSでは，古くから存在する診療所や地域病院の歴史や事情に起因した杜撰な事務処理による施設の賃貸借契約の未締結と賃料未納が生じていた。ある一般家庭医（General Practitioner，以下，GPと略す）は，借りている商業施設の家賃を全額支払っているのに，NHSが保有する敷地を占有している別のGPは家賃を支払っていないという不公平な状況が起きていた。

NHSPSでは，この問題の解決に向けて，賃貸借契約の推進や賃料未納の解消，施設・資産台帳のデータ整備などの対応を行っている。会計検査院（National Audit Office，以下，NAOと略す）が2014年と2019年に調査し，下院（House of Commons）も2019年に報告書を公表している。NAO（2014），（2019）と下院（2019）の資料をもとに，NHSPSやNHSの資料や書簡などを検討する。

第1節では，英国の医療提供体制を概観する。第2節では，NHSPSの設立の背景と目的，引き継いだ賃貸借契約の課題について概観する。第3節では，プライマリケアと地域病院について概観する。第4節では，NHSPSに引き継がれた施設の賃貸借契約の未締結と賃料未納の解消に向けた施設・資産台帳のデータ整備の取り組みについて検討する。第5節では，2019年時点のNHSPSの賃貸借契約と賃料支払について把握する。

1. 英国の医療提供体制の概要

NHSは国営の医療提供体制である。租税と保険料を財源とし，受診時には処方箋や眼鏡代などの一部を除き，無料で受診できる。一次医療と二次・三次医療の機能分化がなされており，日本のようなフリーアクセスではない。一次医療はプライマリケアと呼ばれ，GPが担っている[3)]。二次・三次医療の担い手はNHSトラスト（NHS Trust）や財団トラスト（Foundation Trust）が運営する急性期病院や専門病院，大学病院などである。その他に民間部門，ボランタリー部門による医療提供がある。

国民が医療を受けるには，GP登録から始まる。受診したい場合には，国民

3） 歯科，眼科，薬局もプライマリケアである。

は登録してあるGPに診療予約を入れ，診察を受ける。GPが専門医療や入院を必要と判断した場合には患者に紹介状が発行され，二次・三次医療機関に行く。このように，GPはゲートキーパーの役割も果たす。

GPの経営形態としては，自宅や賃貸による医院（Surgeryや Clinic）での開業医もいれば，診療所（GP Practice）や保健センター（Health Centre），地域病院（Community Hospital），プライマリケア病院（Primary Care Hospital）に勤務するGPもいる。

2. NHSPSの設立と賃貸借契約の未締結と賃料未納の問題

2010年5月にキャメロン連立政権が誕生し，2010年12月には白書『公平と卓越：NHSの解放（Equity and Excellence: Liberating the NHS)』が公表された。白書には，NHSの組織再編が書かれていた。プライマリケアトラスト（Primary Care Trust，以下，PCTと略す）と戦略的保健局（Strategy Health Authority，以下，SHAと略す）は廃止され，新たに，臨床コミッショニンググループ（Clinical Commissioning Groups）とNHSコミッショニングボード（NHS Commissioning Board）などが創設されることとなった。2010年末に，Department of Health（以下，保健省とする）は，廃止される組織を引き継ぐ施設資産管理サービスの設立を検討し始め，2011年9月に保健大臣が唯一の株主である非公開有限会社として設立することとした。151のPCTと10のSHAが所有し管理してきた3,600の施設や資産は，NHSPSに移管されることとなった。これまで，161の組織でばらばらに維持管理されてきた施設・資産が1か所に集約されることを意味した[4)]。2011年12月にNHSPSが設立され，2013年4月から活動を開始した。NHSPSには，約3,200人のスタッフと約3,600の資産が移管された。移管された物件は主にプライマリケア施設や地域医療施設であり，内訳は，1,800の保

4）　2013年12月9日のジェレミー・ハント（Jeremy Hunt）保健大臣から下院の医療委員会のステファン・ドレル（Stephen Derrell）氏への書簡を参照。https://www.parliament.uk/globalassets/documents/commons-committees/Health/201312SoStoStephenDorrellMP.pdf

健センターや診療所，300の地域病院，450の事務所，70の介護施設などである。NHS資産の約11.5%（床面積で約12%）に該当する。

NHSPSの役割は，施設の維持管理，修繕，改修のほか，新しい施設を購入し，不要になった施設を売却することも行う[5)]。また，清掃やケータリング，ゴミ処理，害虫駆除，駐車場管理などのサポートサービスも提供する[6)]。特に，GPやNHSトラスト，財団トラスト，臨床コミッショニンググループなどの7,000件の借主（テナント）の3分の2が賃貸借契約を結んでいないため，賃貸借契約書を作成し，借地権所有者との関係を管理することと，賃料支払の請求書を発行して，代金を回収し，未納債務を追跡することが期待された[7)]。

一般的に，不動産所有者は，運営費を賄うのに十分な金額を借主に請求する。しかし，NHSでは，借主の3分の2は賃貸借契約を結んでおらず，常に家賃やサービスの全額を請求されるわけでもなかった。一部の不動産所有者は借主から賃料を受け取っていなかったケース，借主に補助金付きの物件を提供していたケースなどがあり，そういうケースを勘案し，以前のPCTとSHAは，運営費の平均60%を借主に請求し，残り40%を負担していた。NHSPSと保健省は2013年3月，以前の不動産所有者であるPCTとSHAと同じ方法で借主に料金を請求し続けることを決定した。NHSPSは，短期的には，以前と同じ割合で請求し続けることが最善のアプローチであると判断し，従来通り，借主は運営費の60%を請求し，残りの40%はNHSイングランド（NHS England）と臨床コミッショニンググループに請求することとした[8)]。

5） NHSプロパティサービスは2023年で29件のプライベート・ファイナンス・イニシアチブ（Private Finance Initiative，以下，PFIと略す）の施設を管理している。英国は，2018年10月に，新規のPFIを行わないことを発表したが，契約中のPFIは，最後の2施設の契約満了の2043年まで継続される。NHS Property Services Limited（2023）を参照。

6） 2012年11月13日のサイモン・ホールデン（Simon Holden）氏からの書簡を参照。https://assets.publishing.service.gov.uk/media/5a7c895eed915d48c24106d1/NHS-Property-Services-Ltd-Letter-to-NHS-November-2012.pdf

7） NAO（2019），p. 8を参照。

8） NAO（2014），p. 13を参照。

3. プライマリケア施設と地域病院の概要

GPの歴史は古く[9]，Fry（1988）によると，最初のGPは外科医兼薬剤師だったが，外科医兼薬剤師が完全に受け入れられたのは1815年薬剤師法（Apothecaries Act 1815）が制定されてからである[10]。このように，GPはNHS創設前から存在し，NHS創設時に，ほとんどのGPが公務員になることを望まなかったことと，ほとんどが国有化できない自宅で開業していたため，GPはNHSの従業員ではなく，NHSにサービスを提供する独立した開業医であった。そのため，GPが独自の施設で運営を継続することとなった[11]。

プライマリケア施設のうち，GP所有（GPの住居も兼ねる）は全体の63％を占めており，残りは一般的な商業ベースの賃貸とPCTやNHSトラストが所有する保健センターである。GP所有やGPが直接借りている物件についてはPCTから全額補助金が出る。2004年には，GP契約が導入され，保健省（2004）は，施設コスト指示書を作成し，GPが建物を所有している場合，「概念上の賃貸（Notional Rent）」が用いられ，GPが住宅ローンを返済している場合，「コスト賃貸（Cost Rent）」が用いられることとなった。GPがNHSまたは個人所有者の建物の借主である場合，GPは借地権費用の払い戻しを受けられる。コスト賃貸は，市場価格と概念上の建物価格，訴訟費用で計算される。概念上の賃貸の計算式は $I \times (A+10)\% + Pu$ である。Iは市場価格，Aは改修費用に占めるGPのもたらす資本，Puは改修前の市場価格である[12]。

地域病院[13]は，地域社会にさまざまなサービスを提供する小さな地元の病

9）GPは内科や外科，整形外科，皮膚科，小児科などあらゆる治療を行う総合一般医である。内科医の歴史も古く，多田羅（1984）によると，ロンドンに内科医協会（Royal College of Physician of London）が設立されたのは1518年である。上流階級は内科医協会の医師を自宅に招いた。

10）1815年薬剤師法については，Holloway（1966）が詳しい。

11）Bower（2018）を参照。

12）Department of Health（2004），p. 39を参照。

13）NHS発足以前は，慈善病院（Voluntary Hospital）と救貧法病院（Poor Law Hospital），公立病院（Local Authority Hospital）が存在した。聖バーソロミュー病院（St.

院で，GP や看護師が配置されており，緊急入院施設，周産期，診療所，軽傷病棟，X 線部門などが含まれる。地域病院協会のホームページでは，「150 年以上にわたって医療システムの一部であり，英国に 500 以上の地域病院がある。入院用ベッドを提供するコテージを改装して設立されたが，現在では，健康増進，診断，治療，リハビリテーション，終末期ケアなど多岐にわたるサービスを提供している。地域病院は中間ケアにおいて特別な役割を果たしており，医療と社会的ケアの両方において重要である。地域病院は，地域住民のニーズに適応しているため，ボランティア，募金活動などの行動を通じて，維持されてきた」と説明されている[14]。

4. 問題解消に向けた施設・資産台帳のデータ整備の取り組み[15]

NHSPS が直面した課題の 1 つは，施設・資産情報の完全なリストを作成し，賃貸借契約を結んでいない 3 分の 2 の借主を特定することであった。前述してきたように，GP や病院の歴史は古く，さまざまな創設の背景がある。医療は慈善的意味合いが強かったため，地域の土地保有者や篤志家，住民たちの寄付やボランティア活動から，一部の施設を無料で提供されてきたこともある。賃貸借情報の収集や賃貸借契約の締結，賃料の徴収については，161 の前身組織の PCT と SHA でそれぞれ異なる管理をしていたため，標準的な作業プロセスがなく，不動産とテナントに関するデータが限られていた。完全な施設・資産台帳データは，どこにもなかった。

NHSPS は，賃貸借契約を進め，適正な賃料を課し，徴収するためには，PCT と SHA と連携し，資産・施設台帳を整備する必要があった。

Bartholomew's Hospital）が 1123 年，聖トーマス病院（St. Thomas Hospital）が 1207 年に開設され，慈善病院の歴史が最も古い。救貧法病院は，1597 年救貧法でワークハウス（Workhouse）の設立が最初で，一定の救済受給資格を満たし救済命令を取り付けた者が医療を受けられた。公立病院は 1867 年に誕生した。

14） 地域病院協会ホームページを引用。http://www.communityhospitals.org.uk/what-are-community-hospitals.html

15） NAO (2014), (2019), 下院（2019）を参照。

NHSPSは，いくつかのPCTに対してデータ整備を実施した。必要な情報を収集し，情報を照合し，直面する可能性のある問題を特定した。最初の重要なステップは，PCTとSHA財務部門の責任者（情報交換コーディネーター）を特定することであった。システムは，情報を照合して，安全に管理できるCitrix「ShareFile」を利用することとした。NHSPSは，2012年10月29日にPCTとSHA宛に書簡を出し，2012年11月8日までにPCTおよびSHAの各財務部門の指名連絡先（情報交換コーディネーター）を特定し，情報を照合してShareFileサーバーにアップロードすることを要請した[16]。

2013年4月に事業を開始した後も，賃貸借契約締結と賃料請求はなかなか進まなかった[17]。前述したように，2013年3月に保健省とNHSPSは，施設運営費の40%をNHSイングランドと臨床コミッショニングボードに請求することを決定したが，NHSイングランドはデータの検証を希望したため，NHSPSは2013年6月までNHSイングランドへの請求を遅らせることに同意した。

NHSPSは，有限会社であるため，付加価値税（Value Added Tax，以下，VATと略す）の対象となる。VATを借主に負担してもらうと，請求額が増加する。システム全体への影響を考慮して，保健省および財務省と協議してVATの対応を決定する必要があると考えた。2012年末から協議していたが，2013年8月まで合意できず，請求書の発行が遅れた。

一部のコミッショナーと借主は最初の請求書に異議を唱えた。NHS団体である一部の借主に対して，PCTは以前，全額を資金提供して後でその一部を家賃として回収するよりも簡単であると判断して，彼らに支払う補助金額から家賃を差し引いていた。よって，一部のテナントは，この取り決めが続くと予想していた。

このように，最初の数年間は，引き継がれた不正確で不完全な施設・資産台帳データや，その影響による請求書発行の遅れにより，なかなか成果には結びつかなかったが，その後も，NHSPSの改善は続けられた。2016年4月には，

16）　Masterson and Rassell（2012）を参照。
17）　NAO（2014），p. 14を参照。

市場家賃（Market Rent）の考え方が導入され，市場で認められた評価基準を適用する外部評価者（District Valuer）によって決定されることとなった[18]。2016年6月から2017年3月にかけて，すべての物件に対して現地訪問を行い，状況を把握した。2017年7月には，カスタマーサポートセンターを導入した。2017年に導入を開始した業界標準の機能を備えた新しい請求システムは，2018年7月には導入が完了した。これにより，請求の適時性は全般的に改善された。2018年8月から11月にかけて，すべての物件を現地訪問し，再び状況を把握した。2018年10月には，24時間365日対応する施設管理ヘルプデスクを導入した。

5．2019年時点での賃貸借契約と賃料支払の状況[19]

NAO（2019）によると，2019年3月時点のNHSPSの所有物件割合は，医院・診療所・保健センターが61%，オフィスが13%，病院が11%，土地が4%，その他（介護施設や駐車場，倉庫など）が11%である。2019年4月時点で，借主は6,948件で，その割合は，臨床コミッショニンググループが24%，財団トラストが22.5%，GPが18%，NHSトラストが8.6%，NHSが7%，社会的企業が5%，その他が16%である。2019年4月時点の賃貸借契約状況は，未締結が63%である。2019年3月時点の賃料請求に対する未納額は，5億7,600万ポンドで，2014年3月時点の2億1,000万ポンドよりも，かえって増加している。未納者の内訳は，GPが30%，財団トラストが23%，臨床コミッショニンググループが19%，NHS以外が17%，NHSトラストが10%である。未納している年を見ると，2018年が55%，2017年が26%，2016年が11%と，設立当初よりも，かえって最近の請求の方が，未納件数が増えている。

NHSPSは努力しているが，残念ながらNHSPSの取り組みが大きく改善をもたらしたとは言えない。NAO（2019）も下院（2019）も，医療提供は公益なので，

18） NHS Property Services Limited（2016）を参照。借地権スペースは主にパススルーコストで請求される。

19） NAO（2014），（2019），下院（2019）を参照。

保健省が，商業家主が占有契約や料金を執行するために使用できる権限を持つ会社を設立せず，民間不動産会社が行うことができる法的措置，違約金請求，サービスの停止，立ち退きなどの方策を利用することができないことは把握している。NHSPSが講じる措置は，ケースごとに保健省の承認を受ける必要があるので，現状を改善することは難しいと考えている。

下院（2019）は以下のように述べ，主体性と連携の強化を促した。「保健省，NHSイングランド，NHSインプルーブメント（NHS Improvement）およびNHSPSは，この問題を把握するのに6年を費やしたが惨めに失敗した。状況が複雑であることは認識しているが，借主が提供する医療サービスは賃貸によって中断されることなく継続されなければならない。紛争が発生した場合，借主が賃貸契約を締結し，請求書を迅速に支払うよう促す解決策を見つけるために，システム全体がより効果的に連携する必要がある。保健省がこの問題に対処するための行動方針をまだ打ち出しておらず，達成に向けた明確なスケジュールがないまま，解決策を見つけるために他の者に依存していることを懸念している」。

おわりに

本章では，英国の1948年に開始されたNHSに焦点をあて，2012年法による組織再編で設立されたNHSPSについて，古くから存在する医療施設問題を把握し，その解決に向けた取り組みについて検討した。

NHSPSの置かれている立場は厳しい。医療サービスを止めずに，状況を改善するためには，NHSPSは，賃貸借契約の締結を増やし，賃料を納めてもらうよう促すことを続けるしかない。2017年にシステムを導入し，施設・資産台帳データは改善されたので，今後も，正しい請求額を請求すべく，台帳のデータをアップデートし，係争を減らすしかない。NHSPSは，GPやNHSトラスト，財団トラストを導き，老朽化した医療施設を新しくし，無駄を省き，持続可能な医療提供を模索するしかないだろう。

その後，プライマリケアネットワークが設定され，2022年法（Health and

Social care Act 2022）により組織再編が行われて，臨床コミッショニンググループは廃止され，2022 年には 42 の統合ケアシステム（Integrated Care System）が誕生した。統合ケアシステム創設後も，引き続き，動向を把握する必要がある。また，NHSPS が扱う施設・資産は NHS 全体の 12％である。残り 88％の NHS 施設・資産についても検討することも今後の課題である。

参考文献

多田羅浩三（1984）「医と社会」『季刊・社会保障研究』1984 年 8 月号，144‒147 頁。

Bower, Emma（2018）, The NHS at 70: General practice 1948 to 1967, https://www.gponline.com/nhs-70-general-practice-1948-1967/article/1485294

Department of Health（2004）, *The National Health Service（General Medical Services – Regularisation Premises Costs）Directions 2004*. https://assets.publishing.service.gov.uk/media/5a750760e5274a59fa716d72/dh_124462.pdf

Fry, John（1988）, *General Practice and Primary Health Care 1940s-1980s*, The Nuffield Trust ISBN: 0900574690. https://www.nuffieldtrust.org.uk/sites/default/files/2017-01/general-practice-web-final.pdf

Holden, Simon（2012）, *Update on launch of NHS Property Services Ltd*, Gateway reference: 18387, 13 November 2012. https://assets.publishing.service.gov.uk/media/5a7c895eed915d48c24106d1/NHS-Property-Services-Ltd-Letter-to-NHS-November-2012.pdf

Holloway, Sydney. W.（1966）, *THE APOTHECARIES' ACT, 1815: A REINTERPRETATION. II. THE CONSEQUENCES OF THE ACT*, Medical History, Volume 10, Issue 3, July 1966, pp. 221‒236 Cambridge University Press 1966. https://www.cambridge.org/core/services/aop-cambridge-core/content/view/9243A53F4ABF61EE74F82415C577251B/S002572730001109 1a.pdf/apothecaries_act_1815_a_reinterpretation_ii_the_consequences_of_the_act.pdf

House of Commons Committee of Public Accounts（2019）, *NHS Property Services*, HC 200. https://publications.parliament.uk/pa/cm201919/cmselect/cmpubacc/200/200.pdf

Masterson, Ben and Caroline Rassell（2012）, *NHS Property Services – estates operating information*, Gateway Reference: 18219, 29 October 2012, https://assets.publishing.service.gov.uk/media/5a7b8a83ed915d41476210bc/Letter-NHS-Property-Services-Estates-Operating-Information.pdf

National Audit Office（NAO）（2014）, *Investigation into NHS Property Services Limited*, DP Ref: 10397-001, March 2014. https://www.nao.org.uk/wp-content/uploads/2014/05/Investigation-into-NHS-Property-Services-Limited.pdf

NAO（2019）, *Investigation into NHS Property Services Limited*, HC 2222 DP Ref: 006590-001 JUNE 2019. https://www.nao.org.uk/wp-content/uploads/2019/06/Investigation-into-NHS-Property-Services-Limited.pdf

NHS Property Services Limited（2016）, *Consolidated Charging Policy 2017-18*, Gateway publications reference number: 07140. https://www.property.nhs.uk/media/1538/consolidated-charging-policy.pdf

NHS Property Services Limited（2023）, *Annual Report and Accounts 2022/23*, https://www.property.nhs.uk/media/nxhbnrx1/annual-report-202223-nao-signed.pdf

執筆者紹介（執筆順）

片桐正俊（かたぎりまさとし）　客員研究員（中央大学名誉教授）
関野満夫（せきのみつお）　研究員（中央大学経済学部教授）
浅羽隆史（あさばたかし）　客員研究員（成蹊大学法学部教授）
中島正博（なかじままさひろ）　客員研究員（成蹊大学経済学部教授）
田代昌孝（たしろまさゆき）　客員研究員（桃山学院大学経済学部教授）
広瀬義朗（ひろせよしろう）　客員研究員（東京都立産業技術高等専門学校准教授）
柏木　恵（かしわぎめぐみ）　客員研究員（キヤノングローバル戦略研究所研究主幹）

日本財政の現状と課題
中央大学経済研究所研究叢書　84

2024年11月5日　発行

編著者　関野満夫
発行者　中央大学出版部
代表者　松本雄一郎

東京都八王子市東中野 742-1
発行所　中央大学出版部
電話 042(674)2351　FAX 042(674)2354

ISBN978-4-8057-2278-7　電算印刷㈱

中央大学経済研究所研究叢書

6.	歴史研究と国際的契機	中央大学経済研究所編 A5判	1540円
7.	戦後の日本経済——高度成長とその評価——	中央大学経済研究所編 A5判	3300円
8.	中小企業の階層構造——日立製作所下請企業構造の実態分析——	中央大学経済研究所編 A5判	3520円
9.	農業の構造変化と労働市場	中央大学経済研究所編 A5判	3520円
10.	歴史研究と階級的契機	中央大学経済研究所編 A5判	2200円
11.	構造変動下の日本経済——産業構造の実態と政策——	中央大学経済研究所編 A5判	2640円
12.	兼業農家の労働と生活・社会保障——伊那地域の農業と電子機器工業実態分析——	中央大学経済研究所編 A5判	〈品　切〉
13.	アジアの経済成長と構造変動	中央大学経済研究所編 A5判	3300円
14.	日本経済と福祉の計量的分析	中央大学経済研究所編 A5判	2860円
15.	社会主義経済の現状分析	中央大学経済研究所編 A5判	3300円
16.	低成長・構造変動下の日本経済	中央大学経済研究所編 A5判	3300円
17.	ME技術革新下の下請工業と農村変貌	中央大学経済研究所編 A5判	3850円
18.	日本資本主義の歴史と現状	中央大学経済研究所編 A5判	3080円
19.	歴史における文化と社会	中央大学経済研究所編 A5判	2200円
20.	地方中核都市の産業活性化——八戸	中央大学経済研究所編 A5判	3300円

中央大学経済研究所研究叢書

21.	自動車産業の国際化と生産システム	中央大学経済研究所編 A５判	2750円
22.	ケインズ経済学の再検討	中央大学経済研究所編 A５判	2860円
23.	AGING of THE JAPANESE ECONOMY	中央大学経済研究所編 菊判	3080円
24.	日本の国際経済政策	中央大学経済研究所編 A５判	2750円
25.	体制転換——市場経済への道——	中央大学経済研究所編 A５判	2750円
26.	「地域労働市場」の変容と農家生活保障 ——伊那農家10年の軌跡から——	中央大学経済研究所編 A５判	3960円
27.	構造転換下のフランス自動車産業 ——管理方式の「ジャパナイゼーション」——	中央大学経済研究所編 A５判	3190円
28.	環境の変化と会計情報 ——ミクロ会計とマクロ会計の連環——	中央大学経済研究所編 A５判	3080円
29.	アジアの台頭と日本の役割	中央大学経済研究所編 A５判	2970円
30.	社会保障と生活最低限 ——国際動向を踏まえて——	中央大学経済研究所編 A５判	〈品　切〉
31.	市場経済移行政策と経済発展 ——現状と課題——	中央大学経済研究所編 A５判	3080円
32.	戦後日本資本主義 ——展開過程と現況——	中央大学経済研究所編 A５判	4950円
33.	現代財政危機と公信用	中央大学経済研究所編 A５判	3850円
34.	現代資本主義と労働価値論	中央大学経済研究所編 A５判	2860円
35.	APEC地域主義と世界経済	今川・坂本・長谷川編著 A５判	3410円

中央大学経済研究所研究叢書

36.	ミクロ環境会計とマクロ環境会計	A5判	小口好昭編著 3520円
37.	現代経営戦略の潮流と課題	A5判	林・高橋編著 3850円
38.	環境激変に立ち向かう日本自動車産業 ――グローバリゼーションさなかのカスタマー・サプライヤー関係――	A5判	池田・中川編著 3520円
39.	フランス―経済・社会・文化の位相	A5判	佐藤 清編著 3850円
40.	アジア経済のゆくえ ――成長・環境・公正――	A5判	井村・深町・田村編 3740円
41.	現代経済システムと公共政策	A5判	中野 守編 4950円
42.	現代日本資本主義	A5判	一井・鳥居編著 4400円
43.	功利主義と社会改革の諸思想	A5判	音無通宏編著 7150円
44.	分権化財政の新展開	A5判	片桐・御船・横山編著 4290円
45.	非典型労働と社会保障	A5判	古郡鞆子編著 2860円
46.	制度改革と経済政策	A5判	飯島・谷口・中野編著 4950円
47.	会計領域の拡大と会計概念フレームワーク	A5判	河野・小口編著 3740円
48.	グローバル化財政の新展開	A5判	片桐・御船・横山編著 5170円
49.	グローバル資本主義の構造分析	A5判	一井 昭編 3960円
50.	フランス―経済・社会・文化の諸相	A5判	佐藤 清編著 4180円
51.	功利主義と政策思想の展開	A5判	音無通宏編著 7590円
52.	東アジアの地域協力と経済・通貨統合	A5判	塩見・中條・田中編著 4180円

中央大学経済研究所研究叢書

53. 現代経営戦略の展開　A５判　林・高橋編著　4070円
54. ＡＰＥＣの市場統合　A５判　長谷川聰哲編著　2860円
55. 人口減少下の制度改革と地域政策　A５判　塩見・山﨑編著　4620円
56. 世界経済の新潮流　A５判　田中・林編著　4730円
    ――グローバリゼーション，地域経済統合，経済格差に注目して――
57. グローバリゼーションと日本資本主義　A５判　鳥居・佐藤編著　4180円
58. 高齢社会の労働市場分析　A５判　松浦　司編著　3850円
59. 現代リスク社会と3・11複合災害の経済分析　A５判　塩見・谷口編著　4290円
60. 金融危機後の世界経済の課題　A５判　中條・小森谷編著　4400円
61. 会計と社会　A５判　小口好昭編著　5720円
    ――ミクロ会計・メソ会計・マクロ会計の視点から――
62. 変化の中の国民生活と社会政策の課題　A５判　鷲谷　徹編著　4400円
63. 日本経済の再生と新たな国際関係　中央大学経済研究所編　A５判　5830円
    （中央大学経済研究所創立50周年記念）
64. 格差対応財政の新展開　片桐・御船・横山編著　A５判　5500円
65. 経済成長と経済政策　中央大学経済研究所経済政策研究部会編　A５判　4290円
66. フランス―経済・社会・文化の実相　A５判　宮本　悟編著　3960円
67. 現代経営戦略の軌跡　高橋・加治・丹沢編著　A５判　4730円
    ――グローバル化の進展と戦略的対応――
68. 経済学の分岐と総合　A５判　益永　淳編著　4840円

中央大学経済研究所研究叢書

69.	アジア太平洋地域のメガ市場統合	A 5 判	長谷川聰哲編著	2860 円
70.	世界から見た中国経済の転換	A 5 判	中條・唐編著	3190 円
71.	中国政治経済の構造的転換	A 5 判	谷口洋志編著	4180 円
72.	経済理論・応用・実証分析の新展開	A 5 判	松本昭夫編著	4510 円
73.	経済成長と財政再建	A 5 判	篠原正博編	2640 円
74.	格差と経済政策	A 5 判	飯島大邦編	3740 円
75.	公的統計情報—その利活用と展望	A 5 判	坂田幸繁編著	5280 円
76.	トランプ時代の世界経済	A 5 判	吉見太洋編	3630 円
77.	中国政治経済の構造的転換Ⅱ	A 5 判	谷口洋志編著	3740 円
78.	現代地方財政の諸相	A 5 判	関野満夫編著	2640 円
79.	人口と公共政策	A 5 判	飯島大邦編著	6380 円
80.	教育とICT	A 5 判	伊藤　篤編著	3410 円
81.	中国政治経済の構造的転換Ⅲ	A 5 判	谷口洋志編著	2310 円
82.	コロナ禍・ウクライナ紛争と世界経済の変容	A 5 判	小森谷・章編	2640 円
83.	長期停滞下の現代資本主義 ——理論的・実証的・歴史的分析——	A 5 判	鳥居伸好編著	2750 円

＊表示価格は税込です。